JN409071

Rock 가수 21호

권진숙 시집

문학공원 시선 224

Rock 가수 21호

권진숙 시집

2023년 제10회 시부문
스토리문학상 수상작가

무대는 흰 눈처럼 꽃가루가 날리며
축제 분위기가 연출된다
백댄서 버드나무의 뒤로
젖히는 머리카락이 간지난다
Rock 가수 21호의
첫 콘서트가 무사히 끝났다

문학공원

시인의 말

트루먼쇼가 끝났다
찍고 있던 카메라의 빨간불이 꺼졌다

나는 한층 가벼워진 삶의 무게를 안고
긴 풀이 넘실거리는 푸른 초원 위를
바람처럼 떠돌 것이다

나뭇가지에 걸릴 때까지…

2023년 여름

권 진 숙

차례

2부. 무모한 호기심

차례

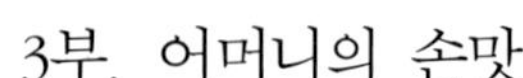

3부. 어머니의 손맛

4부. 플레시백

차례

1부
용감한 그녀

틈새

하늘은 요술쟁이다
한줄기 소나기 후 쾌청해지는 틈새에 옥양목 여름 이불호청을 널었다
빨래는 바람의 틈새를 타고 흰 파도가 너울거린다
나는 흰 이불호청 속 틈새에 숨는다
어른과 어린 시절 틈새에 고향 집 앞마당이 성큼 다가온다

거실 뒤 신갈나무 틈새에서 여름내 노래 부르던 매미도
마지막 장에선 그레센도*와 데크레센도**의 틈새 모드다
여름이 지나가는 틈새에 하늘 한번 쳐다보고 산책길에 나섰다
후끈한 열기의 틈새를 뚫고 한줄기 여우비가 훑고 지나간다
엄마의 빨래 걷는 소리틈새에 놀란 매미도 숨을 죽인다
잠시 여유는 시간의 틈새를 벌린다

집으로 향하는 발걸음의 틈새가 점점 좁아진다
현관 앞 마지막 돌계단 틈새 시선이 꽂힌다
여름 한철 태운 새까만 팔다리 노란 고들빼기꽃은

미간의 틈새에 빗방울을 묻히고 방실거린다
나는 지나치지 못하고 잠시 휴식의 틈새에 끼인다

찰라의 틈새를 뚫고 반가운 소식이 말을 건다
언제 시간 되니 나 서울 왔어, 라고 한다
나는 다음 주 오후 무렵 틈새를 잘라 냉장고에 넣었다
하루에도 몇 번 문 열고 닫을 때마다
몰래 감추어둔 시간의 틈새가 반짝인다
기다림으로 각성된 삶의 틈새에 생기가 돈다
나는 틈새의 시간을 열고 친구를 만나러 길을 나선다

* 그레센도 : 음악용어로 '점점 세게'
** 데크레센도 : 음악용어로 '점점 여리게'

익명성

너는 철옹성을 지키는 문지기다
시시각각 변화하는 변덕쟁이
즉흥적인 것을 좋아하는 쾌락주의자다
서로의 다양한 모습에 반한 나르시스트가 되며
허영심 가득한 N번 방의 강력한 지배자다
너의 말은 무자비한 폭력성을 가지고
특정 신체불법촬영과 나체영상유포의 주범이기도 하다
뭔가 계략을 꾸미고 싶은 사람들은 항상 너의 뒤에 숨어 있다
더욱더 은밀하고 점점 악랄해져서
양심의 가책도 없이 본래의 너를 죽이고 만다
그러나 너는 지연 혈연 학연을 거부한 시대적 선구자였다
유명 인사들은 감시카메라와 오천만 개의 올빼미 눈을 피해
너에게 안식을 느끼며 자유롭고 싶었다

별별이야기

나는 은은한 난의 향기를 풍기죠
홍매화 빨간 입술은 봄이 왔음을 알리죠
열두 폭 치마 활짝 펴서 사람들을 놀래키고
때론 양반 손에서 불호령을 내렸죠
옥이나 금으로 장식하여 아낙들에게 귀한 대접도 받았죠
단옷날이면 사람들은 나를 보고 반색했죠
나는 그때 내가 잘나서 그런 대접을 받는 줄 알았죠
그 시절 나의 별별이야기는
웃는 자의 왕관을 쓰고 이 세상은 완전하다고 믿었죠

요즘 요물스런 놈들이 설치는 바람에 뒷방늙은이로 취급받죠
나와 완전히 다른 DNA을 가진 플라스틱 뼈대의 놈들은
선착순 분양 금융상품안내 무료 특강, 사람들을 유혹하지만
그럴수록 사람들은 무관심해지죠

그래도 난 삼복더위 중엔 사랑받는
부채라 하죠

호칭의 변천사

나의 첫 기억은 서방님입니다 그땐 하늘이었고 태양이었습니다 나는 여보가 됩니다 보배같이 소중한 존재랍니다 그 시절 존중받고 추앙받으면서 살았습니다 라떼 시절이 그립기도 하군요

나는 고민 끝에 다시 태어났습니다 이름은 오빠가 됩니다 체질은 겉바속촉으로 결을 개선합니다 인기도 역대급입니다 여기저기서 불러댑니다 오빠 애 똥쌌어 오빠 애 좀 재워줘 오빠 애기 울어 오빠 애기 배고프대 삼 분에 한 번씩 부릅니다 앙탈부리는 여동생이 몰래 숨어 오빠를 불러대고 있습니다 머슴같이 일해도 칭찬 듣기가 어렵습니다 라떼 시절이 슬슬 그리워집니다

나는 처음 소꿉놀이에 장난처럼 등장합니다 사춘기시절 부뚜막에 먼저 올라간 여친의 애칭이 됩니다 시대의 변화로 우결*의 여주인공이 됩니다 남녀 만남을 주선하는 앱으로 변신합니다 라떼 시절과 이름만 같아 혼란스럽습니다 또 희극배우 주인공이 됩니다

나는 누구일까, 정체성이 궁금해집니다 이런 나를 사

람들은 종종 불편해합니다 남매는 아닌데 오빠가 된 나도 어색할 때가 있습니다 아마도 세상의 모든 남자들을 오빠로 부르기로 한 어느 시인의 열망이 이루어진 것일까요 아니면 제우스와 헤라의 결혼은 금단의 열매가 되었지만 언어의 근친결혼으로 부활한 것일까요

아무렴 어떻습니까 저는 그냥 발자국 하나 남기고 지나렵니다

* 우결 : 예능프로그램 '우리 결혼했어요'의 준말

바람의 가이드

여름과 가을 사이 기압 차가 만들어내는 바람의 유혹을 뿌리치지 못해 자전거 라이딩에 나섰다 어디로 갈까 고민하는데 노적봉에서 내려온 바람이 말을 건다 저만 따라오세요 가이드해 드릴게요

일일 가이드를 자처한 그는 첫 번째 목적지 밥할머니교로 나를 데려간다 밥할머니는 허연 물감을 창릉천에 풀고 노적봉을 볏단으로 위장하니 왜군이 우리 측 군사가 많은 줄 깜빡 속았다고 나긋한 목소리로 설명해준다 고개를 들어 북한산을 보니 노적봉 매끈한 이마 반짝이는 가을 햇살에 지혜의 알곡이 영글어 간다

다음 목적지 밥할머니공원으로 안내한다 의주길 중국의 사신 길목엔 풍만한 몸매 약사보살상 석상이 격동기 세월에 당당히 맞서 싸운 제우스의 머릿속에서 갑옷을 입고 서 있다 당당하게 태어난 아테스 여신이며 용맹으로 나라를 구한 잔다르크다

임진왜란 때 당한 수모를 되갚기 위해 일제강점기에 목을 베는 참수형을 내렸다는 그 의미가 역사 속에서

더 빛난다 자신의 곡식창고를 열어 자비를 베푼 선행
행주산성의 행주치마 기지는 구전으로 명맥을 이어오다
종이와 인연으로 다시 태어나니 만나본 사람의 기억저
장고에선 김치처럼 애국심으로 숙성된다

그는 다음 여행지를 상쾌한 웃음으로 기약했다

사회적 알람

우리나라 사람들의 오지랖은 기승전 인류애가 넘치지요 하고 보자 하고 하고 보자 하고 예이에에에

결혼하면 애 낳아야 하고 하나 낳으면 둘 있어야 하고 아들 있음 딸 낳아야 하고 백일 되면 옹알이해야 하고 돌 되면 걸어야 하고 유치원 다니면 말해야 하고 학교 가면 공부 열심히 해야 하고 수능 보면 대학 가야 하고 대학 졸업하면 취업해야 하고 직장 잡으면 결혼해야 하고 결혼하면 집 사야 하고

해야 되고 해야 되고 해야 되고를 앵무새처럼 외우더니 다된 건전지가 마지막 알람을 울렸지요 순한 짐승처럼 잡혀있던 생각은 울타리를 뛰쳐나왔지요 내가 잊고 있어도 주변에서 때맞춰 해라 해라 해라 사회적 알람을 울려주지요 예이에에에

걸음마도 천천히 배울 거고 말도 늦게 할 거고 학교 가면 점수보다 친구들과 재미있게 놀 거고 고등학교 졸업 후 세계 여행 다닐 거고 직장 잡으면 워라벨을 즐길 거고 결혼해도 아이를 안 가질 거고 하고 싶은 대로 살

아갈 거고 오지랖은 사랑이라고 큰 소리로 말할 거고 사람들의 마음은 점점 단단해질 거고

우리나라 사람들의 오지랖은 기승전 인류애가 넘치지요 그렇지만 내 맘대로 할 거고 그럴 거고 그렇게 될 거고 예이에에에

금암기적비 하마비

Before

나는 백성에 대한 은덕으로 연잉군에 의해
구파발에서 태어났습니다
나의 잉태이야기는 나뭇잎처럼 벽에 붙어
먼 곳까지 향기가 퍼졌습니다
향기는 왕자를 왕세자로 만드는 기적을
왕이 돼서는 백성을 위한 정치를 하도록
마법을 부리기도 합니다
세월이 흘러 마법도 힘을 잃어 갈즈음
정조 임금을 만났습니다
나를 반듯한 모습으로 직립시켜주고
비바람 피하라고 멋진 집도 지어주었습니다
하마비를 세워 극진한 대우를 받게 해주었습니다
나를 만나기 위해선 말이나 마차에서 내려서
깍듯하게 예를 갖추어야 했습니다
나는 의주로 가던 길목을 당당하게 지키며
기적을 일으켰다고 유명해졌습니다

After

고향 산천도 몇 번의 성형수술 후 완전히

변모하여 과거의 모습은 남아 있지 않습니다
나도 내가 태어난 곳이 낯설고
마법의 시효는 소멸되었습니다
내 이야기에 관심 갖는 이도 없고
나는 동네 공원 한 귀퉁이에 서 있습니다
내 집 뒤로는 쉴 새 없이 기다란 철용이
소리 내며 날아다녀 고막을 찢습니다
아이들과 부모님들은 집 앞뜰의
메뚜기와 잠자리에 더 관심을 보이고 있습니다
가끔 사람들이 흥미로 사진을 찍으려고
포즈를 취하라고 이리저리 주문을 해댑니다
옛날에는 상상할 수 없는 일들이
하루에도 몇 번씩 벌어집니다

Here & Now
이 모든 격변의 변화에도
하마비는 아직도 나를 바라보고 있습니다
나는 그가 있어 조금은 위안이 됩니다
콘크리트 건물이 시야를 가려 북한산 봉우리도 안 보이고
의주로 가던 길은 철책선으로 막히고
우회도로가 생겨 지나다니는 사람도 줄었습니다
나는 서울 유형문화재 38호
지금 이 순간이라도 맘껏 즐기려 합니다

자살을 꿈꾸다

사람들은 저를 불청객 취급합니다
저는 걱정이 많은 사람들 집에 자주 방문합니다
나이가 많은 사람의 집에는 오래 놀다 옵니다
그런 저를 사람들은 아주 싫어합니다
저를 퇴치하려고 곳곳에 덫을 설치합니다
퇴치하는 민간요법이 입에서 입으로 전해집니다
하지만 저도 바보가 아니니까
이리저리 잘 피해 다닙니다
그래서 아직도 잘 살아남았습니다
도시의 불빛이 환할수록
사람들 간의 경쟁이 치열해질수록
저는 점점 강해짐을 느낍니다
이럴 때는 저도 제가 좀 무섭습니다
사람들은 제가 힘이 빠져서 조용히 지내길 원합니다
그래서 살그머니 밤마실을 나갔습니다
먼저 달님과 별님이 반겨줍니다
달을 만나러 나온 노란 달맞이꽃을 만났습니다
하늘을 향해 가느다란 손가락을 흔드는
흰색 블라우스의 하늘타리도 만났습니다

오늘 이 시간은 단기 사천삼백오십사 년 삼월 삼짇날
간지 신축년 임진월 임진일 자시 삼경
나는 그냥 팍 죽어버리고 싶은데 죽어지지가 않습니다

모두들 환영받고 사는데
나는 왜 불면증이란 이름으로 푸대접을 받을까요

무관심에 대한 고찰

일요일 아침이면 강력한 흡입력
시끄러운 소리에 잠을 깬다
그는 닥치는 대로 먹어 치우는 잡식성이다
그의 커다란 위는 되새김질도 하고 뱉어내기도 한다
살던 곳을 떠나 실패의 쓴맛을 본 삶의 편린이 먹잇감이다
보이는 곳 은밀한 곳에 숨어 있지만
입이 가까이 가기만 하면 빨려 들어간다
쓸모있는 역할을 했다지만 아무도 알고 싶어 하지 않는다

세월을 그대로 관통한 노인은 한 끼 해결하러 무료급식소를 찾고
연락두절된 가족과 한 뼘짜리 반지하가 그의 소유다
며칠 지난 후 맞게 되는 주검의 냄새는 고독사로 통계된다
풋풋한 젊은 시절이 있었다고 기억하는 이는 없다

오늘도 가득 찬 청소기 먼지 통 속 구조요청
거대한 기계음 소리 때문에 듣지 못한다
박제된 관심은 차가운 가슴에 머물러 있다

무심한 오후 햇살 거실 창밖으로 슬그머니 물러난다
화양연화라고 자랑하듯 벚꽃이 흐드러졌다

용감한 그녀

장마전선이 북한산의 허리를 붙들고 한줄기 세찬 소나기를 풀어내자
새털구름은 산을 타고 하늘로 오른다
비가 뜸한 사이 산책을 나섰다
북한산 내시묘역길 입구엔 여기소터[汝基沼址]가 있다

만리장성 쌓은 하룻밤 인연 따라 남장을 하고 홀로 천릿길 걸어와
북한산성 아랫동네 우물가에 터를 잡았다
불어오는 훈풍에 붉은 봉우리는 님 생각에 맥박이 달음질한다
목에 콱 걸린 그리움은 돌 깨는 정소리로 깊게 파고든다
님 소리 들으려 기린 목이 되고 예민한 귀는 경보시스템으로 작동한다
희망과 절망으로 짜여진 시간, 마음은 어두운 동굴에 움츠러든다.
님을 만날 수 있다면 무엇인들 못 하리
바람은 세상을 춤추게 만들고
그녀는 한 잎 낙엽되어 물 위에 떠돈다

달빛에 비친 내 얼굴
님이 볼 수 있길 바라며 동그랗게 동그랗게 돌고 돈다
달이 가고 해가 가고 붉은빛 옷을 갈아입고
차가운 육신은 한강으로 먼 여행을 떠나고
소문은 동네를 술렁이게 한다
그녀가 떠난 뒤 님의 통곡은 북한산 계곡물을 따라 흘러간다

그쳤던 소나기가 다시 퍼붓는다
비련의 여주인공이라고 쓰여 있지만 나는 용감한 여인이라고 읽는다

* 여기소터(汝基沼址) : 북한산 둘레길에 있는 곳, 기생이 관리를 찾아 왔으나 북한산성 축조를 하고 있어 만나지 못하고 있다가 우물에 빠져 죽었다는 이야기가 전해지는 곳

운칠복삼

새해 결심으로 자전거를 배우기로 했다
찾아보니 모태 몸치도 구제해줄 강습이 강남에 있다
먼 거리기에 대중교통을 이용하기로 했다
열 정거장 후 일곱 정거장 환승, 멀다
어떻게 하면 앉아 갈까 작전 계획을 세웠다

당역 출발시간 빠른 환승을 검색해 자신 있게 역으로 갔다
지하철이 들어오자 어느 칸이 사람이 적은지
두뇌를 빛의 속도로 회전시켰다
칸을 낙점하고 타자마자 눈빛으로 광 스캔 시작했다
초 단위로 누가 내릴지 작은 움직임도 지나치지 않고
사방으로 눈동자를 굴리며 집중관찰 정교한 분석을 했다

첫날 성공 둘째 날 실패 셋째 날 성공 넷째 날 실패
다섯째 날 성공 여섯째 날은 양보 일곱째 날 성공
여덟째 날 실패 아홉째 날 성공 그다음 날은 실패
그다음 날은 성공 그리고 성공 실패 또 성공이다

내 앞자리 내 자리가 될 확률은
성공한 날은 운 좋은 날 실패한 날은 운 없는 날

성공한 날은 기 좋은 날 실패한 날은 기 빠진 날
성공한 날은 복 있는 날 실패한 날은 복 비껴간 날
그러나 양보한 날이 행복을 가져다준 날
지하철에서 자리 득템은 운칠복삼이다

이말산 레거시

차별로 가득 찬 페이지가 있다
그것은 왕조실록의 페이지와 첨예하게 대립각을 세우고
궁궐 담을 넘지 못했다
그는 한 줌 흙이 되었지만
영혼은 오랜 세월 구전으로 보존되었다
뉴타운 개발로 어수선한 틈을 타 이야기는 발굴되었다
고환을 잘라내는 아픔은
가족부양이라는 허울 좋은 보상으로 치러졌고
친절의 힘은 거대한 권력 앞에서 위장술로 찬양되었다

평생 결혼을 할 수 없었던 고통도 이제는 말할 수 있다
잘라낸 자리는 날궂이를 했으며
여우 같은 마누라 토끼 같은 자식만 보면
헛헛한 가슴 어찌할 수 없었다
회한을 맘껏 토해낼 수 있지만
나의 정교한 이야기에 관심도 듣는 이도 없다
차별로 가득 찬 팻말은 빗물에 지워지고
봉분은 닳아 없어져 역사의 길이 되었다
모가지 댕강 잘려 몸통만 남은 문인석
쪼개지고 금이 간 상석 틈에 난 띠풀

초라한 행색이 우리의 모습이다

한여름 밤 이말산 풀벌레들이
왕들의 비위를 내시의 말로 고하고 있다

느림의 미학

마을버스를 탔다
마을 길을 돌고 돈다
칠 벗겨진 대문을 지나
목을 길게 빼고 보니
큰 고무화분에 고추가 주렁주렁 열렸다
낮은 담벼락 밑에 피어있는 봉숭아와
니가 거기 있었구나 하고 눈인사를 한다
한참을 돌아 목적지에 내렸다
내 차로 쌩하고 지나가면
지나쳤을 풍경들이 눈조리개로
열심히 사진을 찍었다
어릴 때의 기억을 불러내
아쉬워 다음 기회라는 약속을 잡는다

근데 아 · 이 · 구 · 야 · 느 · 려 · 터 · 졌 · 다
급행 지하철 고속철도 빠른 배송
내가 너무 빨리빨리에
익숙했었나 보다

슬로우푸드 슬로우시티
느림의 미학을 즐기는 한해가 되야겠다

방귀의 경고

먹지 말라고 말했습니다
그런데 참외를 먹었습니다
먹으면 안 된다는 경고를 듣지 않고
메밀국수 맛있다고 한 그릇 뚝딱했습니다
먹으면 소리친다고 협박했습니다
아침은 아메리카노와 페스츄리빵이 진리라며
나의 경고를 무시했습니다
나는 참을 만큼 참았습니다
드디어 뚜껑이 열렸습니다
부르릉부르릉 열나게 쉬지 않고 소리쳤습니다
에이구 오늘 왜 이렇게 방구가 나오지
민망해죽겠네 얼굴이 빨게졌습니다
나는 성질나서 또 부르르릉 했습니다
오늘 우리 방에는 불자동차가 왔나 봐요

하지 말라는 것을 지키지 않으면
큰일이 난다고 경고합니다

청령포의 눈물

한양에서부터 한 발 한 발 내딛는 발자국마다
난 한 방울의 슬픔이었습니다
15세 어린왕자의 눈물샘에서 태어났습니다
샘솟는 우물처럼 치솟아 올랐습니다
그러나 밖으로 나올 수 없어
목 막힌 가슴팍에 응어리져 숨어 있었습니다

광나루까지는 참고 참았습니다
백성과 신하가 흘린 눈물은 마중물이 되어
한강 물에 흩뿌려졌습니다
나도 한 방울 웅크리며 쭈뼛거리며 나와봅니다
구비구비 돌고 돌아 이포나루에 도착합니다
거기서부터 몇 날 며칠 앞길을 알 수 없어 두렵고 떨려
당나귀 등을 타니 출렁거려 멀미를 했습니다

참고 참았던 한이 농축된 걸죽한 비통의 눈물은
남한강 상류에 흩뿌려지게 됩니다
시간은 세월을 낳고 낳아
슬픔은 희망의 씨앗으로 피어납니다
쫓겨난 나를 내치지 않고 정성껏 받아준 영월 백성들에게

너무도 감사해서 내 한 몸 희생의 제사에 눈물 잔을
올렸습니다

수없이 흘렸던 눈물 방울은 장릉송어회집 솔잎가든
카페 주인들의
밥이 되고 옷이 되고 자녀의 학비가 되고 알토란 같은
생활 밑천이 되어 영월 주민들한테 희망의 눈물이 되
었습니다
그때는 당신의 눈물 한 방울이 이렇게 큰 희망의 샘이
될 것은
꿈도 꾸지 않았을 테지요
오직 눈물 한 방울로 저 멀리 내 평생 반려자의 집 앞에서
이사 온 가녀린 소나무 한 그루를 노심초사
정성껏 키우는 일에 전념 다 하고 있습니다

저의 눈물도 세월의 단단하고 정직한 힘을 믿고
희망의 씨앗이라는 꿈을 꾸어봅니다

슬픈 예감은 항상

그녀와의 인연은 계란 한 판이지
서로에 대한 호감을 느끼고 어설프게
보낸 첫 만남이 생각났지
바쁘다는 핑계로 만남의 횟수는 줄었지만
마음엔 그리움 반 믿음 반 담아두었지
오래 버려두다시피 해서 미안했는지
근래 그녀가 급관심을 보였지
기다림에 익숙해진 난 어쩔 줄 몰랐지

만나지 않았던 시간의 공백에
서먹함이 절어 벗겨 내느라 힘들었지
자신감을 잃고 기운이 빠졌었지
마음속엔 들뜬 마음이 바람처럼 들어왔지
오랜만의 데이트 후 이별의 슬픈 예감이 들었지
그 후 그녀의 화려한 외출이 시작됐지
대기업 다니는 훈남 외모의 누굴 만난다는
이야기가 풍문으로 들려왔지
가을 끝무렵 아침 기온이 영하로 떨어지고
내 마음도 덩달아 얼어붙었지

첫눈이 살포시 온 새벽
남친이 집까지 바래다주는 것도 목격했지
나는 다시 기다림으로 목이 길어지는 사슴이 되고
마음은 빛을 잃어갔지
몇 번 만난 거 같지 않은데 새 애인이 인사하러 온다지
대기업 다니는 인물도 훤칠한 삼천리MTB
차에서 내리니 에스코트하러 가족들이 내려왔지
난 기가 팍 죽어서 스스로 목에 녹슨 자물쇠를 채웠지
지금보다 더 비참해질 수도 있을까 자책했지

슬픈 예감은 언제나 맞지

앨버트로스의 꿈

너처럼 높게 날고 싶었다

커다란 여행가방 속에
아롱진 꿈을 차곡차곡 접어
살갗을 에이게 불어대는
이월의 바람 타고 날아왔다

아침과 취침 점호의 나팔소리
뜨거운 여름날 등판에 그린 소금지도
같은 음식 같은 옷 배움의 공동체생활
이십 대의 소녀는 서로가 닮아지는 줄도 몰랐다

여섯 번의 만남과 헤어짐
새로운 출발의 초록 신호등이 켜지고
일만 사천육백 일을 견딘 소녀는 군인이 되어
날개를 활짝 펴고 새로운 곳으로 날아올랐다

그때는
잠 못 자고 힘들었지만
다리가 아파 울다 잠들었지만

사랑에 실연하고 아팠지만
강원도 산길 도시의 불빛과 함께
처음이라는 어설픈 인생을 엮었지만
젊음은 우리를 희망이라는 구름을 태워주었고
앨버트로스는 빛나는 소위 계급장을 달아주었다

지금은
아름다운 추억으로 숙성되고
끈끈한 정으로 연결된 가족이 되어
임관 사십 주년 축하 풍선을 달고
앨버트로스가 다시 돌아왔다
우리 다시 꿈을 꾸어보자

우리 모두
고개를 들어 하늘을 보자
파란 하늘에 행복의 꿈을 꺼내보자
잘 익혀진 젊은 날의 기억을 간직하고
아름답게 늙어갈 수 있도록
건강을 위해 모두 다 함께
앨버트로스가 되어 다시 날아올라 보자

축하한다 임관 사십 주년
고맙다 간호사관학교
사랑한다 나의 두리아띠 동기들

운수 좋은 날

곤두박질치는 수은주
걱정을 가득 안고 도착한 영월은
코발트색 차양이 하늘 높이 드리워져 있다

펄렁이는 시화전의 춤사위
우람한 소나무 장승 아래 양지바른 시인의 무덤
초록 융단의 잔디 묵념의 장도 열어준다
기분 좋게 이어지는 수다 사이로
메밀전 향기와 막걸리 한 모금에
붉게 물들어 버린 강가 백사장 너른들
수많은 사연을 간직한 동강은 고단함도 잊은 채
본연의 업무에 충실하다
여행객 본연의 임무에 충실하던 나는
계절의 변화에 운수 좋은 날이 된다

다녀와 신발을 장에 넣는데
헤진 등산화에 시선이 머문다
버리려다 수선해 다시 등산을 꿈꾼다
오늘은 등산화도 나도 운수 좋은 날이다

2부
무모한 호기심

쿠션(cushion), 퀘스천(question)

나는 커다란 유리문에 레이스 장식이 있는 집에 살았습니다

중년 여인이 놀러 와서 나와 같이 놀고 있는 친구들을
요래요래 돌려보고 볼떼기를 눌러보더니
나를 선택하여 자신의 집으로 데리고 왔습니다
처음은 새로 왔으니 조심하라는 당부가 있어
그런대로 생활이 편했습니다
가끔 등으로 지그시 눌러 숨이 가쁘기도 했습니다
그러다 점점 과격해졌습니다
내 의견은 물어보지 않고 잽을 냅다 날리더니
레슬링으로 변경해 양다리 사이에 끼고 목을 졸라
나를 기절시키고 전직 유도선수였다는 남자가
멱살을 잡더니 바닥에 패대기쳤습니다
나는 정신을 잃지 않기 위해 볼을 꼬집었습니다
그러나 연속 세 경기로 뛰었더니 팔다리가 후덜거립니다
나를 이 집으로 데리고 온 중년 여인이 구세주처럼 나타나서
왜 이렇게 못살게 구느냐며 제자리에 놓으라고 소리쳤습니다
나는 드디어 소파에 앉아 TV를 시청했습니다

하지만 난 불안하여 거실 중앙 십자가에 매달려 계신 분에게
제발 편안한 삶을 살게 해달라고 기도하였습니다

언제까지 난, 계속해서 이렇게 당하고 살아야만 하나요

삶의 조건

우리 집은 10년 된 12층 아파트입니다
입주 당시 로또 당첨보다 어렵다는
남향 로얄층에 당첨되었습니다
짬짬이 모은 돈으로 계약금은 준비했지만
중도금 마련이 큰일이었습니다
주변 돈 좀 있는 지인들이 주마등처럼 스쳐가고
다행히도 무이자 할부 6개월 가능한 카드를 갖고 있어
일 차 시름은 해결되었습니다
잔금은 살던 집 전세 빼서
어찌 해결될 거로 생각했습니다
그러나 정말 뜻하지 않게 목돈이 생겨
정해진 날보다 일찍 입주할 수 있었습니다
구석구석 입주 청소하고 줄눈 시공하고
가죽 소파까지 거실에 들였습니다
삼대가 덕을 쌓아야 살게 된다는 8층집 남향에
호기롭게 입주를 하니 꿈속에서도 행복했습니다
그런데 어쩐 일인지
한번 외출했다 돌아오더니 두문불출입니다
요리 보고 조리 봐서 산 가죽구두가 작아서
발뒤꿈치 다 까졌다고 투덜대더니

몇 년째 꼼짝 않고 그 자리 그대로 있습니다
산세도 좋고 전망도 좋지만
사람 냄새 나는 재래시장이 그립습니다
저는 신선보다는 무수리 쪽인 듯싶습니다

이러다 고독사하는 거 아니겠지요

삐딱한 마음

나는 삐딱했습니다
내 밥그릇에 뽀얀 흰 쌀이 오빠보다 적다고
한여름 오빠만 녹각 넣은 닭을 푹 고아 먹인다고
어린 나의 입술은 삐딱해지기 시작했습니다
남동생도 인문계 보내면서 가시나 대학 가서 머하노,
란 말에
밤늦도록 담요 뒤집어쓰고 공부하는 나에게
빨리 불 꺼라 전기세 나온다는 말에
나의 눈꼬리도 삐딱해집니다
남자 형제들만 방을 주었습니다
다락방이 나의 방이었습니다
여름에는 너무 더워 땀띠가 친구가 되고
겨울에는 시린 바람이 들락거리자
내 마음도 삐딱해졌습니다

삐딱한 산비탈에 씨를 뿌렸습니다
새벽 별은 나의 길을 안내해줬고
늦은 밤에는 달님이 나와 함께 했습니다
빈 도시락의 달그락거리는 소리를 들으며
쉼 없는 호미질로 밭을 일구었습니다

그러자 삐딱한 밭은 꽃이 피더니
나비와 새가 노는 놀이터가 되었습니다
멋진 꽃밭으로 변신했습니다

그런데 아직도 나는
삐딱할 때가 있는 못난이입니다
아버지 돌아가신 후 유산은 딸이라 제외하고
아버지 이장할 때 너도 자식이니 돈 내라고 할 때
여전히 삐딱해집니다
전업주부인 올케들의 차가 내 차보다 더 좋고
난 쳐보지도 못한 골프를 홀인원했다고 자랑할 때
다시 삐딱해지려고 하는 못난이입니다

* 김순진의 「뿔」을 패러디하다.

무모한 호기심

장마의 끝 무렵 흙으로 봉인된 판도라상자의 작은 틈으로 머리를 내밀어 본다 집에 물이 들어왔기에 어쩔 수 없었다는 타당한 이유로 무장을 한다 온몸이 쏙 하고 나온 작은 틈의 우연도 행운이라 여긴다 얼마 지나지 않아 뜨거운 햇볕을 방패 막 없이 온몸으로 막아내기엔 역부족이라 서서히 끝부분부터 익어가고 있다 온 몸통을 젖먹던 힘까지 짜내며 가장 낮은 자세로 앞을 향해 꿈틀거려본다 모래는 달콤한 설탕처럼 나의 입술에 붙는다 처음이라 그런 거겠지

잠시의 위안도 잠깐 어디로 가야 할지 몰라 고개를 들어 방향을 찾는다 휙휙 지나가는 무례하고 거친 발자국들에 의해 몸 한쪽은 고통의 음각 무늬로 각인되어 납작해지고 반쯤 남은 쪽은 후회의 애절한 춤을 추며 꿈틀거린다 판도라 상자를 열게 했던 호기심을 어리석음으로 설명하기엔 너무 초라해진다 뒤돌아보면 소금기둥이 된다며 주문을 외우고 있다 그래도 온 힘을 다해 앞으로 나아가보자며 남은 몸뚱이를 희망으로 삼아 앞으로 나아가고 있다

볼일을 다 보고 돌아오는 길가에 여기저기 새까맣게 말라 버린 지렁이들이 말없이 길 위에 널브러져 있다 오십 대 중반 지나 박사논문을 이유로 명퇴했을 때 이러려고 나온 것은 아니었다 야생의 길 위에서 악 아악 악 외치는 비명의 외침은 도시의 생활 잡음에 묻혀 흔적도 없이 사라진다 극한의 상황에 내몰릴 때마다 스스로 괴물이 되어 말라간다 누가 무엇이 너를 이쪽으로 이끌었니, 나에게도 묻고 있다

누수

화장실 세면기가 고장났다

똑 · 똑 · 똑
한나절에 바가지 물이 가득하다
양치질에 손 씻기 세면기를 닦느라
버리지 않고 사용한다
수도꼭지 틀지 않아도 나를 위해 준비된 물
세면기의 누수다
고 · 맙 · 다

카톡 · 카톡 · 카톡
남들 폰은 잘 울리는데 내 폰은 조용하다
기다림에 가슴이 탄다
소통의 누수다
부 · 럽 · 다

깨톡 · 깨톡 · 깨톡
때 되면 열심히 보내주는 친구
무심히 흘려버렸는데
모아보니 한 바가지다

먼저 안부 문자 보내야겠다
내 마음의 누수다
미 · 안 · 하 · 다

툭 · 툭 · 툭
점점 크게 들린다
잠은 안 오고 애꿎은 화장실한테
화풀이하러 들락달락한다
내 몸의 누수다
미 · 치 · 겠 · 다

잔차 씨와 람 양의 썸

십 년 동안 솔로로 지낸 나의 연애는 녹슨 자물통으로 변한 지 오래고 자신감은 바람이 빠져 푹 주저앉았다 어느 봄날 같은 동으로 람 양이 이사왔다 거의 서로 만날 일은 없지만 재활용수거 날 몇 번 무심한 눈길을 주고받았다 잔차 씨는 람 양의 눈길에 호기심 발동 장착 키가 시동이 걸렸지만 람 양의 표정은 변함이 없다 여름과 가을 사이 람 양의 심경에 변화가 오고 잔차 씨께 먼저 말을 건다 이 동네 오래 사셨으면 좋은 곳 안내 좀 부탁해요 이 질문에 설레는 잔차 씨의 마음 진관동에서 가보면 좋은 곳, 근처 맛집, 데이트 시 호감 가는 언어와 금지어도 네이버 형님께 물어본다 로드맵을 찾아 머릿속으로 시뮬레이션을 돌린 후 시계를 보니 새벽이다

람 양을 태우기 위해 바퀴에 기름도 빵빵하게 넣고 윤활유도 듬뿍 칠하여 핸들도 부드럽게 만들고 엉덩이 쿠션도 준비하는 등 섬세함을 발휘한다 가슴은 알 수 없는 행복함에 부풀고 아름다운 가을은 나를 위해 다가온다 파란 하늘의 새털구름처럼 시간이 빠르게 흩어지고 사라진다 얼떨결에 말을 건 람 양은 잔차 씨와 같이 다니려면 자전거를 타야함을 깨닫고 배우기로 결심한다

여러 사이트 검색한 후 멀지만 강남까지 배우러 다니기로 한다 자전거 그냥타면 되지란 주변 사람들 조언에도 몸치 아닌 사람들은 말하지 말라고 퉁을 줬다

멍들고 쓸리고 화단에 몇 번 나뒹굴었다 무릎과 다리를 혹사시켜 각종 파스도 삼 종 세트로 약국서 구입한다 엉덩이의 저항이 만만치 않다 하지만 괜히 콧노래를 흥얼거리게 되고 얼굴에는 미소를 잃지 않는다 만나는 사람들이 좋은 일 있나 봐요 예뻐졌어요 한다 드디어 약속날이다 잔차 씨 등에 람 양은 조심스럽게 올라타 길을 나섰다 사람들은 우리만 쳐다보는 것 같다 둘 다 첫 데이트니 정신을 바짝 차려본다 그러나 갑자기 튀어나오는 아이들 뒤에서 빵빵거리는 오토바이 반대 편에서 오는 자전거 탄 학생들 우리를 추월해서 쌩하고 지나가는 사람들 등줄기 뒤로 식은땀이 흐르며 혼이 쏙 빠진다

머릿속이 하얘져서 집으로 방향을 돌렸다 잔차 씨는 사고 안 나고 집에 도착할 수 있음에 몰래 안도의 한숨을 쉰다 람 양도 십 년 동안 누굴 사귀어본 적 없었다고 살짝 귀띔해주며 우리 다음에는 좀 더 연습해서 다시 시도해봐요 한다 그 말 한마디에 의기소침했던 잔차 씨는 힘을 얻고 위로를 받는다 우리 서로 썸 타는 것 맞나요 이참에 솔로 탈출 가능할까요

신기록 경신 중

올림픽 기간 중 새처럼 하늘을 날으는 선수가 있다
한 칸 한 칸 올릴 때마다 긴장감이 팽팽하다
젖 먹던 힘을 다해 도움닫기 뛰어와서
점프 후 뒤로 높이 뛴다
어쩜 온몸을 쭉 뻗어서 활처럼 휘어서
지렛대를 건드리지 않고 넘었다
대단하다
아 한국 신기록 찍었다

나도 신기록 달성 중이다
몸무게로 신기록 찍고 있다
어린 시절은 먹어도 살이 안쪘다
초등학교 1학년 때는 바람에 날아갈 뻔했다
밥알을 세고 먹냐고
너는 먹는 거 다 어디로 가냐
무던히 들었던 꾸지람
오자형의 가는 새다리 빨래판 옆구리
아가씨 때도 미스코리아 몸매였다

출산 후 한 명 낳을 때마다 오 단계씩 상승

살이 마구 떨리더니
올라갈 때마다 사정없이 기록 경신이다
몸무게로 내 인생 최고 기록이다
이러다 세계 신기록 찍는 거 아니겠지
금메달도 싫다 꺼져버려라

시절인연을 보내는 날

그날 너는 화려한 조명 밑에서 우아한 미소를 띠고 있었다
너의 친절한 표정과 단정한 모습은 나를 현혹시켰다
오랫동안 내 진심을 알아줄 걸로 믿었다
몇 번의 짧은 외출과 잠깐 만남에 너는 실망만 안겨 주었다
첫인상에 비해 속과 겉이 너무도 달랐다
돌다리도 한 번 더 두드려 보고 건너야 한다는
경험칙을 배우게 해주었다

끝장을 보겠다는 영웅심리로 너와 함께한 동지애
자유분방한 역마살로 우리나라 험하다는 산을 모두 오르락내리락했다
힘들 때 할 때마다 솟구치는 내안의 열기를
900억 개의 미세한 구멍을 통해 밖으로 빼주었다
인생의 정점을 지나 내리막길까지 나와 함께한
군 생활 십 년은 함께한 나의 전우였다
생각만으로 젊을 때의 열정이 일렁인다

우연 같은 필연으로 만나서 너와 함께한 일상

바닥에 무릎을 꿇고 같이 기어도 다니고
빨간 고춧가루 세례도 같이 받고
하루에 몇 번 얼굴에 튀기는 물 폭탄도 나와 함께
뒤집어쓰고 냄새 고소한 김치전도 같이 먹었다
헤아릴 수 없이 많은 날들을 함께한 소소한 일상은
느려진 시계마냥 과거에 머물러 있지만 서로를 의지한 반려의 삶이었다
갑자기 훅 떨어진 기온에도 너는 아낌없는 희생을 보여주었다
주머니를 열어 언 손을 녹여 주고 시린 바람도 막았었다
그러나 너는 희생 대가를 한 번도 원하지 않았다
추운 날 너만 생각하면 내 코끝이 찡해진다

형편보다 과한 지출을 해가며 맞춤형 선물로 받은
그럴듯한 너를 보며 나는 오랫동안 행복했다
이제 너와 이별할 때가 되었나 보다
너와 한 시절 좋은 인연은 흘러가 버렸다
너를 현관 입구에 내보낸다
잘 가, 고마웠어
야전잠바, 야상아

처음이라는 이유

바퀴벌레 같은 생존력
늙지 않는 방부제 외모
타의 추종을 불허하는 강한 침투력
자신의 정체를 드러내지 않는 숨바꼭질 고수
또한 그는 일등을 항상 도맡아 한다

나의 용기를 망치러 온 그는 봄날처럼 감미로운 향기를 던져주더니
갑자기 툇마루의 물그릇에 살얼음이 끼게 하는 재주도 부린다
만나고 싶지 않지만 길목에서 어두운 암막 커튼을 치고
밤새 머리에서 가슴으로 휘젓고 다닌다
작았다 커지기도 하고 순간 사라지기도 하지만
여전히 떠나지 않고 있다
지난날 수도 없이 마주쳐왔고 앞으로 또 마주칠 것이만
신입사원 첫 출근 날 나보다 그가 먼저 출근했다
애써 무시하려 했지만 나를 지배하려고 두려움의 칼을 뽑는다
재빠르게 숨겨두었던 안도의 방패를 꺼내 막아낸다
뒤이어 따라오는 만 가지 이유가 들리고

'잘 될 거야'란 희망의 주문을 외우니 과거가 재빠르게 끼어든다

미래는 자기 손을 내밀어 두려움의 강을 건너게 해준다며 나를 꼬인다

자체발광의 한줄기 불이 켜지고 나서야 내 마음이 따뜻하게 데워진다

처음이라는 이유 하나로 그는 나를 어릿어릿하게 만들었다

할머니 기일이 다가온다

'너무 애쓰지 마라'던 할머니 말씀이 귓가에 맴돈다

어떤 성장일기

시작은 답십리 너른 들판과 촬영소에서
하루 종일 이리저리 뛰놀기만 해서 이름도 몰랐죠

전농동 로터리를 거쳐 청파동으로 오게 됐죠
변두리 살다 도심으로 나오니 볼거리 먹거리 천지더군요
대우빌딩 엘리베이터 구경도 가고
종로 고려당 앞에서 친구를 만나 당주당 매운 냉면을 먹었죠
연탄냄새 맡아가며 신당동 떡볶이도 회수권과 바꾸고
교회 오빠 짝사랑에 가슴앓이로 한눈도 팔았죠
밤새워 새까만 깜지도 만들고 문제집도 못살게 구니
이름이 끈이구나 어렴풋이 깨닫게 되었죠
짧을수록 좋다고 꼬셨지만 넘어가지 않았죠

집 떠나 새로운 끈을 이어붙이기로 모험심이 발동했죠
만만히 본 객지 생활이 힘들어 번아웃 불청객이 찾아와
몇 년 간은 여기저기 숨어 지냈죠
가을볕이 꼬리를 자르고 거실 창밖으로 물러난 오후

악마가 나의 성과 이름을 가방끈이라고 알려주며
기다랗게 이어 붙여봐 너는 할 수 있어, 속삭였죠
주변에 소문을 내니 듣지 마라 나이를 생각해라
뇌졸중 온다 암 걸린다 협박성 반대가 난무했죠

안 써 빽빽해진 관절에 기름칠도 하고
돈을 빌려 인천의 하버드에서 가죽끈을 구했죠
녹슨 바늘과 가느다란 실로 이어 붙여야 하니 고생이 많았죠
바늘에 찔리는 피나는 노력으로 가방끈을 길게 만드니
사람들이 이름을 긴 가방끈으로 불러주네요

길어진 가방끈은 들고 다니기엔 불편해져 집에 놓고
요즘 동네 푼수 아줌마로 편하게 살고 있죠
힘든 만큼 행복했다고 영혼 없는 대답을 하곤해요
더 이상은 길어지지 않을 거야, 다짐하며

치트키*

너인 줄 꿈에도 몰랐다
연예인 뺨치는 외모의 너는
계란 한 판 나이에 사모님 호칭도 듣게 해주었다
임용고시 날 찍신의 신내림은 경력단절도 쉽게 깨고
나에게 튼튼한 철가방도 던져주었다
이것이 내 실력인 줄 알았다
교만은 자동차를 업그레이드시키고
자만은 명문 학군에 이름을 남겨주었다

여의도 벚꽃이 흐드러지게 피었다
평소 쓰던 프로그램이 느려져
백신으로 바이러스를 잡을 수 있을 거란 희망을 가졌다
잘 다니던 대기업 퇴사 후 사업 그리고 파산
명령어 입력하고 엔터를 눌러대지만 먹통이다
무리한 운동으로 찢어진 무릎 연골
악성코드가 감염되어 대장까지 침입했다
부팅조차 안 되어 포맷해야 한단다
백업도 안 해놨는데 새로 사야 하나
평소 잘 사용하던 단축키
너는 치트키임에 틀림이 없다

〈

많은 길을 돌고 돌아왔다
인생에 공짜가 없다는 진리가 가슴을 때린다
가을이 깊어간다
또 겨울이 오겠지

* 치트키 : 게임을 유리하게 하려고 만든 문장이나 프로그램

어떤 곡예사

젊은 시절엔 하루 자고 나면 대체가 가능하기에
나의 진가를 모르고 무시했다
친절함으로 변치 않을 영원도 암시했다

악마의 말에 종종 귀를 기울이며
편의주의적 모순에 빠진 습관을 만나자
본질은 빠른 속도로 변질된다
불안한 경고를 보냈지만
젊음은 정확한 의미의 이해를 막았다

우연한 사고로 고통이 시작된다
회복을 위해 여러 비법이 동원되고
나에 대한 진실을 밝히기 위해
공중파에선 청문회도 열린다
온갖 이목이 나한테 집중되고
일간지엔 나에 대한 좋은 정보가 넘쳐난다

비타민을 한 움큼 털어 넣고
현미밥과 다섯 가지 채소로 밥상이 차려지고
아침 일찍 수영장 저녁에는 만보기가

내 비위를 맞추기에 급급하다

그동안 당한 설움으로
마음이 얼어붙어 풀리지 않고 있다
아침이 되면 내 마음을 곡소리로 알려준다

간절한 기다림의 눈길이 있지만
오늘도 완고한 마음의 문을 열고
한 발짝 가까이 갈 수 있을지

요즘 나는 건강을 위한 외줄타기를 하고 있다
나이 드니 건강만큼 중요한 것은 없다

타임캡슐을 캐다

도망치듯 떠난 동네, 용기를 내 삼 년 만에 찾았다
인생의 절반을 묻어두었던 추억의 타임캡슐을 캐
이별의 세레모니를 하러 왔다

정월이면 일출 보며 새해의 결심을 다짐했던 용왕정
이월이면 늦은 밤길 고운 달이 동행해 주던 곰달래길
삼월이면 이른 봄 연노랑 꽃이 피던 모세미공원 산수유나무
사월이면 만국기 펄럭이던 운동회 장소 용왕산 배수지
오월이면 벚꽃 터널로 힘든 나를 위로해 주던 안양천 뚝방길
유월이면 온 동네 향수를 뿌려주던 달마을 공원 아카시아꽃 향기
칠월이면 노란 송홧가루 거실로 날려 주던 봉제산 소나무
팔월이면 더위에 지친 마음 위로하던 목마공원 등나무 그늘
구월이면 추석장 보러 줄 서던 목동시장의 전집
시월이면 단풍나무 열매 팔랑개비로 내리던 목동중앙남로

십일월이면 노란 양탄자가 길에 깔리는 목동서로의 은행나무길
십이월이면 멋진 크리스마스 트리가 있는 목5동 성당

짧은 시간 긴 여행 낯익은 버스정류장에 앉아
낯선 운전사가 운전하는 버스를 타고 집에 왔다
구겨진 마음 한 귀퉁이 펴고 나니
새 동네에 뿌리를 내리고 살아갈 힘이 생겼다

그리고 무심히 흘러가는 시간의 성실함
치유의 힘을 말없이 믿어본다

앞자리 숫자가 바뀔 때까지

앞자리 숫자가 바뀔 때까지
나는 결심한 걸 꼭 지킬 테야요
앞자리 숫자가 바뀔 때까지
나는 독한 마음을 먹을 테야요
5월 어느 늦은 퇴근길 저녁도 못 먹은 날
동네 소문난 빵집 앞을 지나게 되었지요
빵 굽는 구수한 냄새에 침이 고이니
배에선 꼬르륵 소리 장단을 맞추네요
하루가 가고 이틀이 가고 일주일이 가고
어느 날 아침 거울 속 여윈 얼굴
설레는 마음으로 체중계에 올라섰지요
정직한 숫자에 실망한 마음 쓰나미로 몰려오지만
나는 포기하지 않을 테야요
앞자리 숫자가 바뀔 때까지
이백칠십 날 하냥
덜음의 미학과 보탬의 욕망 사이에서
어느 지점에 머물 것인지 고뇌하고 있잖아요
앞자리 숫자가 바뀔 거라는
희망을 버리지 않을 테야요

- 김영랑 「모란이 피기까지는」를 패러디함

고추와의 독대기

동료들과 아귀찜으로 점심식사를 했다

너를 보면 풋사랑처럼 지배욕구가 생긴다
너의 톡 쏘는 성깔은 눈물 콧물이 찔끔나게 한다
너는 어느 곳에 있든지 존재감을 내뿜는다
너는 우리나라 사람들의 입맛을 잘 맞추어준다
너를 잘못 대했다가는 지독히도 화를 낸다
너를 작다고 얕잡아보다가는 큰일나기도 한다
너의 강렬한 옷과 매혹적인 육체는 요염하다
너는 나이 먹을수록 정열의 여인으로 농익어간다
너는 쭈글거리는 피부에도 전혀 주눅 들지 않는다
너의 고집스런 이기심을 사람들은 줏대 있다고 칭찬한다
너는 꼭 필요한 곳에 있기 때문에 이러한 칭송을 받는다

앞사람 치아에 낀 고춧가루 조각 하나
너의 가치가 이보다 더 비참해질 수 있을까

나도 꼭 필요한 사람이 되어야겠다

예스 아이 두

특별히 잘 하는 것두
특별히 못 하는 것두
특별히 못 생기지두
특별히 잘 생기지두
특별히 돈이 많지두
특별히 가난하지두
특별히 공부 잘 하지두
특별히 공부 못 하지두
특별히 노래 잘 하지두
특별히 노래 못 하지두 않고
첫째도 막내도 아닌 중간인 난 보통사람이다

그러나 열심히 살다 보니
보통사람의 보통정치인은 안 되었지만
두 딸과 아들 하나 낳아 잘 키웠다고
목에 금메달을 걸어주네

하우 두 유두
왓 캔 아이 두
쏘우 굿, 예스 아이 두
무엇이 문제인가

3부

어머니의 손맛

오 남매

우리 오 남매는 이십 년 전부터 한집에 살게 되었습니다
십 년이 지나면 강산이 변한다는데
우리 인생에 우여곡절이 많았습니다

하루에도 몇 번씩 끌고 당기고 낚아채기를 수십 번
소신 없는 사람처럼 이리저리 끌려다녔습니다
식구들이 잔뜩 먹고 고약한 냄새를 풍겨
코로 숨을 쉴 수 없었습니다
일요일에는 청소한다고 오 남매를
소파 위 책상 위 거실 테이블 위로 갈라놓습니다
못 박는다고 이 방 저 방으로 끌고 다니기도 합니다
이 집 아들이 올라타서 큰 궁둥이로 흔들어대니
가느다란 다리에 금이 갔습니다
안주인이 청테이프로 다리를 칭칭 감아
응급처치해주어 겨우 설 수 있었습니다
대박의 사건은 겨울 초입에 김장한다고
내 배 위에 배추를 담은 무거운 대야를 올려놔서
넘친 소금물에 상처가 덧나고 말았습니다
덧난 피부에 곰팡이가 끼더니 각질이 벗겨집니다

소독약으로 닦고 연고 바르고 드레싱을 해도
피부는 좋아지지 않았습니다
병원에 갔지만 더 이상의 치료가 불가능하다 해서
연명치료를 거부한 채 돌아갈 날만 기다리고 있습니다
이십 년간 알콩달콩 살던 우리 오 남매는
헤어지기 전 눈물을 서로 닦아주었습니다

얼마 전에는 두 형제가 몸에 폐기물 스티커를 붙이고
재활용장에서 먼지를 뒤집어쓰고 있었습니다
며칠 지난 후 보니 깨끗하게 정리되어 있습니다
태어난 곳으로 돌아갔나 봅니다

저도 열심히 살다 조용히 떠나렵니다

고양이 가족

시댁 툇마루 밑에는 고양이 가족이 살고 있었다

만경평야에 휘영청 달이 논두렁길을 어슴푸레 비추면
젊은 고양이 한 마리가 야행성이 발동하여 밤마실을 나간다
추수가 덜된 나락들 사이 들고양이들과 어울려
헬륨가스를 마시고 호랑이 탈을 쓰고 논다
탈을 쓰고 돌아와 마루짝도 날려버릴 정도로
무섭게 포효하며 야생성을 들어낸다
낮동안 평화롭게 지내던 고양이들은 혼비백산하여
자신들만 아는 비밀 장소에 쥐 죽은 듯이 숨는다
젊은 고양이의 계속되는 파행은 자신의 건강을 망쳐
동물병원 응급실에 실려간다
병원 철장 안에서 주사기를 물어뜯고 탈출을 시도하다 붙잡힌다
이 소동에 이빨이 몽땅 빠지고 발톱도 무뎌지는 불운을 겪는다
먹지 못하니 영양상태 부실해 만성병에 시달린다
외출도 어려워 슬금슬금 눈치만 보며 다른 고양이들이
먹잇감 구하러 나간 사이 툇마루 밑 지킴이가 된다

다른 고양이가 호랑이 탈을 쓰고 으르렁소리로 겁을 주면
힐끗 쳐다보고 하품을 한번 한 다음 수염만 까닥거리며
마루밑 귀뚜라미 소리만 듣는 척한다
음식을 나눠 먹는 게 아깝긴 하지만
마당에 묶인 메리가 사납게 굴 때는 위안이 된다
물결치는 황금 들판 새 쫓는 총소리에 허수아비가 화들짝 놀라고
파란 하늘에는 하얀 낮달이 떠 있다
고양이 가족은 그럭저럭 평화롭게 살게 되었다

시골집을 팔고 아파트로 이사한 후
더 이상 고양이 가족은 볼 수 없었다

시집의 주인

내 차 Niro에는 시집이 산다
나의 시집은 익산시 오산면 영만리이다
한 뼘 남은 오후 시간은 연휴 끝물이라서 맛깔스럽다
빨간신호등 앞에서 시집은 사람의 손끝으로 간택된다
무작위로 더듬어 장을 펼치니
슬픔 그것이 너였구나
그런데 그만 들키고 말았구나
괜스레 코끝이 찡해지면서 눈물이 핑돈다
서글픈 마음 달래서 다른 장을 편다
다시는 묻지 말자 내 마음을 지나 사라진 것들을
뒤에서 빵빵거리는 소리에 놀라 시집은 영혼가출
타임머신 타고 영만리로 날아간다
시커먼 가마솥단지 그을린 서까래
전날 비로 아궁이는 물을 꾸역거리고 토한다
생전 처음 본 모습에 놀라 망연자실
연둣빛 치마에는 얼룩이 진다
저 물속에서 불을 지피려면
프로메테우스의 지혜가 필요한 날이다
명절 대소사 어버이날 기제사 생신 휴가기간 꽝
12개의 룰렛 판은 꿈에서도 계속 돌아간다

꽝 나오지 않는 행운이 계속 이어진다
삼십팔 번째 달력이 입주해온 후
진관동만 쓰여 있는 돌려지지 않는 룰렛 판이 된다
어느덧 시집의 주인은 시인이 되고
시인의 집은 시집이 되었다
다시 빨간신호등 앞이다
시인은 시상을 잡으려고 애쓰며
시집에 의지하며 하루를 아껴가며 지켜낸다

추억의 플랫폼

친구가 이사 온 자기 동네 좋다고 놀러오라 하니
안양예술공원보다 더 좋은 곳이 있을까, 했다

와보니 서울시의 명품 북한산을 낀 한옥마을이 있다
북한산의 시원한 콧대는 드높은 하늘에 닿아있고
그에 걸맞은 팔작지붕 용마루는 자존심을 뽐내고 있다
마을을 휘돌아 감는 진관천의 맑은 물은
자신의 속을 훤히 비춰주고 있어 진실한
삶을 살겠다는 굳은 의지로 투명하게 빛난다
두런두런 담장과 옛이야기를 나누고 있는데
담장을 타고 넘어온 나팔꽃과 낯익은 눈인사를 한다
눈 한번 찡긋하니 추억은 마법이 되어 상자가 열린다

아침잠이 없던 나는
엄마의 쌀 씻는 소리에 일찍 눈이 떠졌다
눈곱도 덜 뗀 채 엄마 옆에 가만히 앉으면
인기척으로 알고 '일어났니'하는 엄마
쭈그리고 앉은 수돗가
빨간색 슬리퍼는 발에 꼭 맞게 누워있고
잉크색 나팔꽃도 내 앞에서 졸고 있다

아침 일찍 깨웠다고 투덜거리는
쌀바가지만 쓱싹쓱싹 말이 많다
엄마의 확 물 끼얹는 소리에 화들짝 놀라
나팔꽃은 입꼬리를 여느라 애쓰고
그 모습 보느라 난 눈곱을 침을 묻혀 떼어낸다
수돗가 바닥에 흰쌀 한두 톨이 미아 되어
눈물 콧물 범벅의 얼굴로 우두커니 울고 있다
슬리퍼는 구수한 밥 냄새에 코를 벌름거리며
벌떡 일어나 부엌으로 따라간다
손이 잰 엄마는 벌써 아침상을 거진 차렸다
엄마 밥상은 세상에서 하나밖에 없는 임금님표 명품
이다

정갈한 한옥 담과 옛이야기 쏨벙쏨벙 나누니
식욕이 덧나는 허기는 세상에서 제일 맛있는
어머니표 집밥 생각에 배꼽시계가 먼저 그리워한다
나팔꽃은 엄마의 향기를 입고 고개를 내밀며
인자 오냐, 하면서 반가움을 성큼 던져준다

새집으로 이사하다

나는 올해 백한 살이 되었습니다
작년 백수 잔치 선물로 자식들이 대리석 든든한 집을 지어주었습니다.
집은 2층 방은 24개 이 동네 제일 높은 곳
통일전망대가 훤히 보입니다

난 고향 떠나기 싫다고 평소 말했지만 자식들은 안 듣더군요
내가 태어난 고향은 지리산자락입니다
그곳을 떠날 때 뻐꾹새가 밤새 울어주었답니다
이사 온 동네는 물설고 낯섭니다
총소리 대포소리도 들립니다
6.25를 겪은 나는 또 전쟁이 날까 봐 머리카락이 쭈뼛 섭니다
그런 날은 꽤 먼 곳까지 정탐을 나갑니다

같은 날 제 옆방으로 부모님이 이사 오고
며칠 후 남동생 둘이 빈방으로 이사를 했습니다
어느 날 예고 없이 뒷방에 아주 젊은 조카가 느닷없이 들어왔습니다

조카가 이사 오는 날은 온 가족이 눈물로 잔치를 했습니다
연세 드신 부모님은 며칠 방문을 잠그고 두문불출하셨습니다

이러저러한 이유로 이생의 문을 넘어선 여섯 명
전생의 문 안쪽에서 우리란 이름으로 모이게 되었습니다
서로 신경이 예민해지고 갈등도 있었습니다만
우리는 서로 배려하며 의지하면서 살고 있습니다

이사 오니 좋은 점도 있습니다
이생의 문쪽 사는 자식들은 나의 집과 가깝습니다
제가 전생의 대문을 열고 온 날이면
자식들이 바리바리 음식 싸 들고 찾아옵니다
그런 날은 좋아하는 술도 한 잔 마실 수 있습니다

오늘은 자식이 오는 날입니다
아침부터 일어나 개미집 털고 집 앞에 펴놓은 상 닦고
목욕재계하고 기다리고 있습니다
보고 싶은 사람을 기다리는 시간은 이쪽 세상에서도 더디 가는군요
두 동생을 깨워 같이 기다려야겠습니다

내리떼어 붙이기

어머니는 내게
태어난 날부터 어머니의 생명을 떼어 주었다
배고프다고 울면 휴식시간을 떼어 젖을 물렸다
아프면 어머니는 마음을 떼어 돌봐주었다
먹고 싶다면 무더운 여름에도 수제비를 떼어 끓여주었다
학비가 필요하면 쌈짓돈을 뚝 떼어 주었다
엄마가 필요하면 어머니의 시간을 떼어 달려오셨다
엄마는 못 배운 한을 자식들이 뗄 수 있게 해주었다

나는 자식에게
자식 걱정을 뚝 떼어 내 가슴이 넣는다
자식이 아프면 그 아픔을 떼어 내 몸에 넣는다
자식이 음식을 잘 먹으면 내 그릇에 떼어 자식그릇에 넣는다
비가 오면 내 우산을 떼어 자식 머리에 씌운다
바람이 불면 내 머플러를 떼어 자식 목에 두른다
내 시간을 아낌없이 떼어 자식에게 준다

그리고 손자에게

손자의 볼에 붙은 밥풀을 떼어 내 입에 넣는다
손자 코에 붙은 코딱지를 얼른 떼어 내 옷에 문지른다
손자가 힘들까 봐 내 걸음을 떼어 손을 잡는다
손자가 업어달라면 내 기운을 꾹 떼서 업어준다
손자가 먹을 방울토마토 꼭지를 떼어 먹여준다
손자가 잘 먹으면 아깝다는 맘 확 떼어버린다

사랑은 내리사랑이 맞다

* 김순진의 「떼어 붙이기」를 패러디하다

그녀의 가르침

지난봄 야채트럭에서 싸다고 외쳐 대서
큰 양파 한 망을 들여놨다
평상시 앓고 있는 만성병 귀차니즘이 있어
사온 날부터 베란다에 처박아두었다
눈길 한번 안 주었더니 그녀는 마음의 병이 생겼다
힘들었는지 그녀의 낯빛은 시커메지고
고약한 냄새도 풍긴다
나는 놀라 역대급 빠른 속도로
경고음을 내며 개수대로 옮겼다
마음이 급해 가위로 빨간 망사 옷을 찢고
깨끗한 물에 풍덩풍덩 목욕을 시켰다
살리고 죽이는 것은 순간의 판단에 달렸다
오랜 시술 후 그녀의 하얗고 맨들거리는 얼굴은
이제 막 팩을 떼어 낸 듯 광채가 난다
소쿠리 안 동그리들의 웃음은 나를 위로한다
썩은 몸뚱어리를 비닐에 넣는데 그녀는
나에게 주변에 관심 좀 가지라고 가르친다
그녀의 소리는 평소 엄마의 말씀과 닮아있다
이 에미랑 도란도란 이야기하고 좀 놀아다오
오늘 아침 그녀의 가르침으로
뒤늦게 철든 막내딸은 눈물이 송글거린다

마라

지리한 장마 끝 무렵 아파트 입구에
신장개업 마라탕 집이 눈에 띈다

세상에 나왔을 때 밤에는 울지 마라
첫걸음 떼는 날 넘어지지 마라
첫 숟가락 떼는 날 흘리지 마라
첫 입학하는 날 싸우지 마라
첫 수능시험 보는 날 실수하지 마라
첫 대학 입학 날 너무 놀지만 마라
첫 데이트 날 너무 늦지 마라
시집가기 전까지 몸 함부로 놀리지 마라
집 사기 전까지 애 낳지 마라
애들 다 클 때까지 직업 갖지 마라
인생의 매운맛을 맛보지 마라
법을 위반하지 마라

혀가 얼얼해질 때까지 실컷 먹고
매운 입김에 마라를 훅훅 날려보냈다
이제부터 마라는 안 지키련다
해라로 살 테야

어떤 이별

구십 년이 훌쩍 넘은 나무 한 그루가
잎새 몇 가닥 달고 우리 집으로 들어왔다
젊은 시절 짱짱했던 다리는 비틀어져 거죽만 남았다
실한 열매를 잉태하던 꽃주머니도 용도를 잊은 지 오래다
솟구친 잔뿌리는 노인의 손등처럼 구불거린다
골수 하나로 생명줄을 부여잡고 있다
흙 한 점 없는 돌 틈 사이에 난 우악스런 잡초 마냥
얼굴에 난 종기는 식욕도 왕성하여 잘 자란다
다른 부위 생장에 부담을 줄 것 같아
잘라내니 옹이가 생겼다
생의 엑기스가 빠질까봐 아침마다 영양 진국을 넘치도록 주지만
병아리 눈물만큼 안으로 스미고 나머지는 흘러나온다
한 잎 한 잎 아주 천천히 떨어지는 잎새
영혼도 새털 되어 삶의 무게는 가벼워진다
시간의 기억은 흐려지며
스스로 할 수 있는 것도 줄어든다

몇 가닥 남은 잎새를 달고 두 달을 머물다가 떠난 고목

사랑으로 수놓았던 빈자리를 보니 눈물이 앞을 가린다
이별에 자유로울 나이는 없다
이별은 언제든 서럽다

girl과 함께

since 1929
산청군 신안면에서 태어났girl랑
막내딸로 태어났girl랑
할아버지 귀여움을 독차지 했girl랑
박물처럼 오래전 이야기이girl랑

since 1942
사모관대 썼girl랑
14살 초경시작도 않했girl랑
아가씨 공출피해 일찍 시집왔girl랑
나이 많은 노총각 신랑한테 시집왔girl랑
서슬 퍼런 양반 가난한 집이었girl랑
식구가 열한 명이었girl랑
새벽 농사일 밤늦게까지 고생만 했girl랑
세상에서 제일 부지런한 여성이었girl랑
45번의 보릿고개를 넘고 또 넘었girl랑
동네서 제일 총명한 새댁이었girl랑
학교 문턱도 못 가봤girl랑
어깨너머로 한글 깨쳤girl랑
암산은 젊은이보다 잘했girl랑
돈을 아끼고 아꼈girl랑

직설화법으로 직구를 잘 날렸girl랑
삼남이녀 잘 키워냈girl랑
손자 손녀를 다섯이나 더 키웠girl랑

Since 1979
시어머니 돌아가셨girl랑
사십오 년 시어머니 잘 모셨girl랑
친부모보다 더 의지했girl랑

Since 1985
남편이 돌아가셨girl랑
과부 됐다고 일년 간 집 밖 출입을 안했girl랑
그 후 여행도 많이 다녔girl랑

since 2017
요양원에 있girl랑
적응하려고 열심히 살고 있girl랑l
그 시절 유영혜라는 이름도 예쁘girl랑
아름답girl랑
자랑스럽girl랑
위대한 여성이girl랑
나의 엄마girl랑
내일 엄마 보러 가는 날이girl랑
정말 멋진 일이girl랑

어머니의 손맛

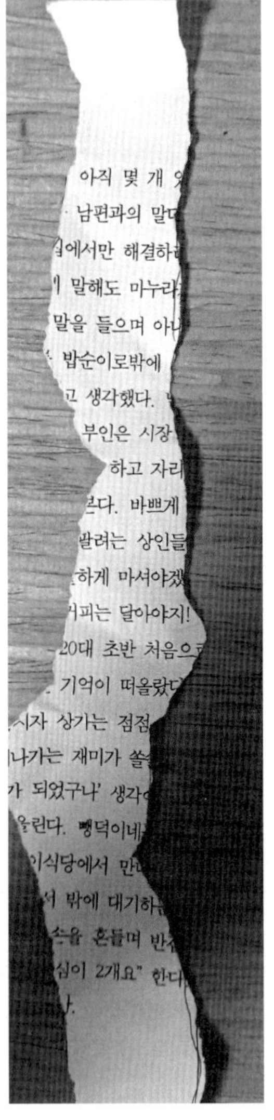

특별한 에피소드는 **아직 몇 개** 더 있지만 평상시 **남편과의 말**은

삼시세끼는 **집에서만 해결하려**들고 음식에 소금을 더 넣지 말라 **말해도 마누라**

말을 들으며는 큰일나는 줄 **아는** 맛의 기준에 대한 자신감

아녀자를 밥순이로밖에 생각하지 않는 빠른 인식 그런 사고의 저변에는

어머니의 손맛이라는 지하암반수가 흐른다고 **생각했다**

밥상이 차려지는 수고로움은 **부인은 시장**과 **친밀**하고

가성비 좋은 **자리**를 눈썰미로 알아**본다**며 발걸음 **바쁘게** 움직여

음식장만에 딱맞는 재료를 팔려는 상인들을 찾아다녀야 한다

커피 한 잔 급**하게 마셔야겠**다 하면 **커피는 달아야지!** 맛있는 게여 하시며

노랑 봉지커피를 즐겨 드시던 어머니의 종종걸음이 마중물이었다

20대 초반 처음으로 맛본 기억이 떠올랐다
컴컴한 상가는 점점이 옆으로 길게 늘어서 있고 밤인지 낮인지
구별이 안 되는 모호한 불빛 사이를 지나가는 재미가 쏠쏠하지만은 않았다
그날은 시댁 인사 가느라 한껏 차려 입고 또각거리는 구두를 신고 걸어가니
사람들이 하도 힐끗거려서 '내가 구경거리가 되었구나' 생각이 들었다
지방 사투리를 어렵지 않게 듣고 선물을 사던 남편
시댁의 오래된 녹슨 함석대문이 삐걱 소리를 냈고
마당의 개는 목줄을 힘껏 당기며 사정없이 짖어댔다
그런 이질적 어색함을 뚫고 정갈한 밥상이 나를 반겼다
어머니의 손끝에서 탄생한 항아리서 막 꺼낸
배추 신건지의 톡 쏘는 맛은 초정리 약수 같았다

근처 재래시장이 있어 가면 멀리서 묵 두부 파는 음악소리가 울린다
그 시장에는 빵덕이네가 하는 음식점 이 식당에서는
메밀 묵을 잘한다고 소문이 나서 종종 밖에 대기하는 사람도 보였다

단골이 **손을 흔들며** 반쯤 열린 문으로 들어가면서 "점**심이 2개요"한다**

유독 메밀묵을 잘 쑤셨던 어머니는 광에서 돌절구를 꺼내고

큰 가마솥에 불을 때시며 나무주걱으로 눌지 않게 휘휘 저으셨다

묵에서 화산이 폭발할 즈음 주걱을 들어 농도를 살피셨다

눌어붙으면 곶감묵이 된다고 하셨다

김장김치 쫑쫑 썰어 묵과 무쳐내시며 어머니는 단정하게 썰어

양념장 찍어 드시는 걸 깔끔하다고 좋아하셨다

굵은 손마디에서는 맛있는 음식이 요술방망이처럼 뚝딱뚝딱 만들어져 나왔다

맛에 대한 추억이 가을 단풍처럼 곱다

김장날을 잡고 보니 어머니의 손맛이 그리워진다

친구예찬

이런 친구가 있습니다
꽃장식 때 밑받침으로 가장 많이 쓰였습니다
자신도 작고 예쁜 모양을 하고 있었지만
다른 꽃들을 더 예쁘게 받쳐줍니다
스스로는 흰색의 아름다움을 간직하고 있지만
뽀얀 백합꽃의 아름다움을 방해하지 않습니다
혼자 고독을 즐기며 잘 있지만
여러 명 모였을 때 화합의 미를 빛나게 해줍니다
빨간색 장미가 가진 가시의 아픈 고통도 어루만져줍니다
독살의 무기인 백합의 진한 향기도 연하게 만들어
약으로 사용하는 지혜를 알려줍니다
신록의 푸름도 감싸 안고
나대지 않는 아름다움으로 고고하게 나이 들어갑니다
나의 어려움을 같이 나누니 반으로 줄여주며
기쁨은 같이해서 두 배로 증폭시켜줍니다
그녀의 이름은 안개꽃입니다
내 인생에서 그녀가 있기에
오늘도 빛나는 하루를 허락받았습니다

팩트 폭격기

오월의 봄바람이 부드럽게 불어와 볼을 간지럽히고
아카시아 향기가 진동하는 어버이날이다

쪽 째진 눈구멍은 주변 사람의 행동을 살피고
타인을 위협하는 뾰쪽한 입은 팩트 폭격기이다
에둘러 말하라 해도 난 거짓말 못한다로 퉁치고
정직함이 최대의 미덕이라 믿는 굳건한 신념의 소유자다
주변을 두루 살피는 매서운 눈매로
구멍 난 살림살이 메꾸어주는 신기한 재주도 가졌다
살을 찔러 아프게 하지만 대의를 위해 소를 희생함이
당연하다는 성과주의적 발상은 주변의 질서를 재편성한다
자신의 할일만 하면 된다는 무심한 책임감과 평범한 일상은
혼자 치유될 수 없는 큰 상처도 아물게 도와준다
손톱 밑 아픈 가시 빼준다고 끊임없이 들이댄다
정작 본인은 상처 없이 요리조리 빠져나가
신체 유용성이 높다는 자부심이 하늘을 찌른다
그 꼴 보기 싫어 입을 무디게 눈을 둥글게 한다면

바늘은 자신의 역할을 다하지 못할 것이다
생긴 대로 안전한 곳에 두고 필요할 때 꺼내써야겠다

솔직함을 미덕으로 생각하셨던 어머니
시원한 돌직구는 답답한 가슴을 뻥 뚫어주셨지

주먹밥

중복 날 에어컨 틀고 TV를 켜니
약초꾼들이 주먹밥을 먹는다

똥구멍 찢어지게 가난했던 시절
공부가 머리에 들어오지 않던 오빠는
책보 툇마루에 후딱 내팽개친 채 잠바 훌러덩 뒤집어 입고
뒷산으로 지게 둘러메고 달음박질했다
그곳은 공부 좀 해라 잔소리하는 아버지도
저놈이 머 될려고 그런다냐
비난하는 할아버지도 없는 곳
께벗고 목간을 해도 그윽한 눈짓으로 눈감아주는 곳
나뭇잎이 말없이 넉넉한 그늘을 내어주는 곳
그곳은 속상한 맘 말하지 않아도 귀신멘키로 내 마음 알아채어
섣불리 조언하지 않고 보듬어 주는 곳이었다
못난 마음 채워보려 갈쿠리로 솔잎 싹싹 긁어
키보다 훌쩍 크게 올린 나뭇짐을 해놓고
어머니표 소금 간 주먹밥을 먹었다

나도 닭백숙 다리 하나 덥석 들고 뜯자니
요양원에 계신 구순 노모 생각에 목이 메인다

내 친구 수국

- 김유남 친구에게

수국을 닮은 친구가 있다
푸른색 원피스를 입으면 하늘이 내 마음으로
들어 오는 것처럼 싱그럽다
수국이 흐드러지게 핀 날
연분홍 미소를 활짝 지으면서 나를 만나러 왔다

눈만 뜨면 고통스럽고
눈도 감을 수 없던 고통
생이 전반적으로 삐꺽거리던 암울한 사십 대
고통의 끝이 어디인지 알 수 없었다
약속도 없이 푸른 원피스를 입고
가슴 시린 파란 하늘을 달고 와서
나에게 연분홍 새털구름을 태워주었다

아파트 놀이터에서 같이
그네를 타며 하늘로 어둠을 떠나보내고
시소에 올라타니 마음속의 고통과 희망이 삐걱거리며
밸런스가 맞추어지려 했다
그날부터 난 조금씩 힘이 났다
이 고통 이겨낼 수 있다는

희망의 불씨를 주고 갔다

수국이 흐드러지게 핀 계절이 되면
먼저 간 친구가 활짝 핀 웃음으로 시리게 다가온다

일곱 살 된 내 친구

영혼을 나눈 친구가 있다
전생에 일란성 쌍둥이였을 게다
단발머리를 막 지나온 꽃다운 시절
그 친구를 만났으니까 사십 년도 더 되었다
서로 다니던 직장에서 은퇴해서
요즘 시간만 되면 서로 만날 궁리만 하고 있다

남들 휴가 갈 때 피해서
지리산에서 만나볼까 통화하던 중
나 앞니 빠졌어, 한다
몇 년 전 부러진 이가 결국은 빠졌단다
듣자마자 웃음이 빵 터졌다
일곱 살이 된 내 친구
나도 친구 따라 일곱 살이 된다
아무것도 몰랐던 그 시절로 돌아가서
우리 꼭 스무 살에 만나자고 약속했다

서로 빠진 앞니를 징표 삼아 지붕에 던졌다
까치야 까치야 일곱 살 가져가고 스무 살 다오
둘이 손잡고 크게 외쳤다

웃는 소리가 너무 컸는지
내 친구는 영구 땡칠이 됐다며
기분 나쁘다고 전화를 확 끊는다
미안하면서도 웃기다

명지대파

곱디고운 모래 낙동강하구
염전으로 땀 많이 흘렸지요
소금이 가치를 잃게 되자
나도 얼른 다른 것으로 갈아탔지요
이 동네는 검은 머리 파뿌리 될 때까지 살아야 해요
곱디고운 머리카락 숱도 그대로
치렁거리는 흰머리로 늙어가지요
청춘은 늦게 와서 그대로인데
같이 산 세월은 반백 년의 세월이 되요
말린 해삼을 삼 일이나 물에 불려
실한 명지대파 아낌없이 넣고 볶아서
청나라 궁중요리를 먹을 수 있다는 기억은
격한 칼바람을 보내주는 봄의 변덕은
파밭에서 청나라 왕비가 되어봅니다
무섭게 몰아치던 거친 파도
중년의 위기를 멋지게 지나니
고달픈 인생길 지나 그때는
이렇게 좋은 날이 올지 몰랐습니다
오래 살아야겠습니다

존재의 부재

지난주 수요일은 있었는데 이번 주는 없다

요양원 칠 년 걷지 못하는 삼 년
음식도 못 삼키는 일 년이다
엉덩이는 중력의 힘으로 허물어졌다
가느다란 숨길 연명은 타인의 도움이 필요하다
힘든 모습 평안하게 회귀하길 바랬다
희망은 바람 빠진 시간으로 쪼그라졌다

나와의 연결은 독특한 따뜻함이다
수십 년간 피로 맺어진 분신은 우연으로 시작되다
존재의 실체를 경험할 수 없단 생각은
마음을 노리듯이 쥐덫을 놓는다
추억의 진열장 육십오 년이 나를 향해 있다
젊은 가슴은 늙어 버렸고 홀로 견디어내야 한다
잿빛 거리에서 따뜻한 말들이 나에게 말을 건다
과묵한 맑은 겨울 하늘은 위로의 눈빛을 보낸다
엄마와 나 사이 진공의 공간에 한 줌 재가 있다
이 모든 게 고맙고 고맙다
그러나 수요일 아침 마음은 슬프다

흑백사진 한 장

매년 여름방학이면 멀리 휴가 갈 형편은 안 돼
엄마 따라 안양유원지로 여름휴가를 왔었다
올망졸망 다섯 자매는 전날부터 들떠 잠을 설쳤다
그날은 더위를 피해 물놀이도 하는 날이다
하루 종일 물에 둥둥 떠서 하늘을 본다
구름은 시시각각 모양을 뚝딱 만들어낸다
간식이 필요하면 옥수수가 되고 감자가 된다
점심때는 완두콩 넣은 하얀 쌀밥에
배추겉절이 척 걸쳐서 한 입 먹으라고 건네준다
중간중간에는 맛있는 복숭아도 준다
장사꾼의 커다란 솜사탕을 보고 입맛을 다시니
알뜰한 엄마는 돈 아낀다고 싸 온 거나 먹으란다
섭섭함도 잠깐 참새방앗간 드나들듯 하니
소쿠리 가득하던 음식은 그새 동이 난다
바지런한 엄마는 다섯 딸 포푸린 원피스를
너럭바위에 가지런히 빨아 널었다
햇볕 실컷 쬔 옷에선 은은한 여름향기가 났다
우리는 시간의 물방아를 발차기로 첨벙첨벙 돌리니
나무그림자가 길게 몸을 늘이며 오후를 내걸었다
지루할 틈 없는 하루가 구름을 타고 빠르게 흘러간다

4부
플레시백

바람의 이발소

여름 장마 끝 무렵 바람 부는 날 창릉천에 갔다
더벅머리 총각들이 둑방에 마을을 조성했다
풀씨 성을 씨족마을로 이름은 실새 그령 포아 개밀 산조이다
덥수룩한 머리를 정리해주러 바람이 출장을 온다
첫 손님 실새풀 총각은 고슬고슬 배냇머리를 가졌다
머리 감고 털기만 해도 이십 년은 어려 보인다고 아우성이다
바람은 머리카락 끝을 살랑거리도록 에센스를 바른다

다음 손님은 이번 장마에 가장 많은 머리숱과 길이를 키운 장돌뱅이 그령총각이다
강한 바람으로 이리저리 모양을 만든다
빠른 손놀림은 올백이 됐다가 이대팔 오대오를 만든다
정말 신기한 기술이다
올해가 가기 전 꼭 인연을 만나고 싶다고 머리끝 부분을 묶어달란다
역시 러브글로스다운 생각이다

포아총각은 실새와 머릿결이 같으니

자연스럽게 끝만 다듬어달라고 요구한다
그러나 바람은 가지런한 오대오 머리가 더 어울린다며
자신의 실력을 믿으라고 큰소리를 치며 빗어넘긴다
또 머릿기름을 발라놓으니
바람의 손길은 주르륵 미끄럼을 탄다
재미있는 이발놀이를 넋을 놓고 보고 있는데
갑자기 한줄기 비가 쏟아진다
샴푸하세요 손님, 바람이 멈추고 햇살이 헤어드라이어를 든다

학교 갔다 돌아오니 별반 하는 일 없는 노총각 삼촌이
봄바람이 났는지 머리를 감고 있다
포마드 바른 머리는 이대팔로 빗어넘긴다
노총각 시동생 장가 못 보내 애간장을 태우던 엄마는
그 모습에 반색하며 윗주머니 용돈까지 찔러 넣어준다
여름이 오기 전 봄바람이 세차게 더 불었으면 좋겠다

Rock 가수 21호

이말산 올라가는 길목에는 Rock 가수 21호 집이 있다
공중파 싱어게인에서 Top 3에 올랐단다
그는 어깨까지 구불거리는 긴 머리를 기르고 있다
정류장 표지판과 광고 전단지로 첫 콘서트 한다고 홍보했다
드디어 콘서트 날이다
머리카락으로 얼굴의 반을 가리고 고개를 까닥거리며 박자를 탄다
이말산 자락 무대엔 밴드가 자리 잡고 있다
여름 한철 벌어 먹고져 매미들의 일렉기타 연주가 시작되었다
드럼쟁이 딱따구리가 발을 까딱거리며 드럼을 친다
플루리스트 호랑지빠귀가 음정을 맞춘다
소문난 싱어 꾀꼬리가 혼신의 힘을 다해 열창을 한다
합창단원인 박새 까치 어치는 화음을 넣는다
소쩍새가 큰소리로 마지막 곡이라고 알렸다
팬들은 움찔움찔 둥짓둥짓 열광하며 무대를 즐긴다
민들레는 하얀 야광봉을 들고 흔들어대며 지휘를 한다
긴 다리 개망초는 벌떡 일어서 어깨춤을 춘다
무대 디자이너 이팝나무는 아낌없이 꽃잎을 뿌려준다

무대는 흰 눈처럼 꽃가루가 날리며 축제 분위기가 연출된다

백댄서 버드나무의 뒤로 젖히는 머리카락이 간지난다

Rock 가수 21호의 첫 콘서트가 무사히 끝났다

꽃밭초등학교

여름방학이 끝나고 온 아이들은
햇살과 바람에 의해 많이 변해있었다
배가 볼록했던 개망초는 키가 한 뼘은 자라
기럭지 긴 몸매는 허리도 잘록해져 모델 같았다
평소 배탈이 자주 났던 애기똥풀은
방학 때 한 번도 누런 무른 똥을 안 누었다고 좋아했다
아빠랑만 사는 씀바귀는 노란 원피스를 입고 왔다
새옷 입고 좋아 생글거리니 귀여움이 뿜뿜 풍긴다
평소 어린 막냇동생 업어 키우느라 고생 많은 보라색 지칭개가 등교했다
놀이터서 많이 놀았는지 거무스럽게 탄 팔다리가 건강해 보였다
방학 때 먹기만 하고 운동을 안 했는지 옆으로 평수를 넓힌
돌나물이 들어오자 교실은 빈틈이 없이 꽉찬다
긴 장마가 끝나고 오랜만에 햇살까지 나오니
방학 동안 있었던 이야기로 교실 천장이 들썩거린다
개학 날 아이들의 왁자지껄한 수다는 수업시작종까지 삼켜버렸다

긴 여름 무더위를 이긴 아파트 앞 꽃밭은
오랫동안 내 발걸음을 잡고 있었다

숲의 이색시장

초록이 춤을 추는 오월
햇살은 반가운 얼굴로 맞는다
지나칠 수 없어 이말산에 올랐다

아직 덜 여문 작은 고사리손 잎들이
나를 반기며 반짝인다
햇살은 산책길에 레이스 포목을 깐다
아름다운 천을 보니 정신이 나가
다리품을 팔아가며 지팡이초크로 재단을 한다
성큼성큼 발걸음 가위로 옷감을 싹둑싹둑 자르니
뒤이어 햇살 재봉사는 바지 앞쪽을 레이스천으로
덧대주어 요즘 유행하는 언밸런스 패션이 된다

오르막길 중턱에는 모자 파는 집이다
멋진 모자가 한 가득이다
곧 여름이 오니 바람 잘 통하게
모자 윗부분 구멍이 숭숭 뚫린 거 하나 골랐다
귀퉁이 돌아 바람길 가게에는 레이스 원피스가 춤을 춘다
어릴 적 입고 싶었던 레이스 장식 옷

내 마음을 알아채고 편하게 입어보세요, 한다
걸음을 옮기기만 해도 다양한 레이스무늬는
블라우스가 되고 샤랄라 치마가 된다
요 근래 살이 갑자기 쪄서 맞는 옷이 없어
이옷저옷 고르느라 시장을 헤집고 다녔다
하루 종일 여기저기 싸돌아다녔더니
다리도 너무 아프고 갈증도 심하다
오월의 숲은 내 혼을 쏙 빼는 재주가 있다

집에 와서 아이들한테 자랑했더니
요즘 누가 시장 가서 옷을 사 온라인으로 사지 한다
그래도 입어보고 사는 게 좋지
계절이 바뀌면 또 사러 가야겠다

푸름생활보호대상자

이말산 바로 밑으로 이사를 했다

뒷집에는 키 훤칠한 가족들이 살고 있다
이사 첫날 우리 가족을 향해 두 팔을 활짝 펴 환영해 준다
아침이면 V자 손가락 인사와 웃음은
불면으로 잠을 설친 찌뿌둥함도 날려버린다
햇살이 비추면 실루엣으로 보이는 늘씬한 몸매는
물만 먹어도 살찌는 체질인 나를 부럽게 한다
조금씩 따뜻해지자 연둣빛 옷을 짓느라 정신이 없다
그 모습은 예측 불가능하여 경이롭기까지 하다
비 오는 날은 심심하지 말라고 합창대회까지 열어준다
그날의 협주곡은 또 얼마나 심금을 울리던지
실연했던 옛 기억이 불현듯 떠올랐다
눈 오는 날 흰옷으로 갈아입은 모습과
매끈한 다리 위에서 미끄럼을 타는 청솔모는
나를 동심의 세계로 이동시켜준다
그들을 아낌없이 주는 가족이라 나는 이름을 지었다
뒷집 가족의 선한 기운이 우리 집까지 뻗어온다
덕분에 우리 가족의 오래된 불화의 퍼즐은

가끔은 아름다운 그림으로 맞춰지기도 한다
뒷집에 사는 반려묘도 낙엽을 바스락거리고
박새도 마른 덤불을 푸드덕거리며 낮게 날아다니며
잘 살라고 격려해준다

몇 달 살다 불현듯 깨달았다
내가 뒷집 참나무네 문간방에 세 들어 살고 있음을
그들이 우리 집 주인이었다
우리는 늘 신선한 공기를 배급받는다
여름철이면 국수비와 푸른 잎새를 에어컨 비로 보조받고
노란 잎새를 가을철 난방비로 보조받고
겨울철이면 흰 눈싸라기를 보조받는 우리는
푸름생활보호대상자지만
집주인 잘 만났다고 나는 여기저기 자랑을 했다
이사 참 잘 왔다

아르테미스의 숲

폭염이 계속되자 낮시간 산행이 무리라서
이른 아침 이말산에 올랐다
풀과 나뭇잎들은 아직 잠에서
덜 깨어 눈을 게슴츠레 뜨고 있다
이불속 잠의 여운을 온몸으로 느끼려는 듯
미동도 않고 누워있다
밤새 울던 풀벌레는 아침잠이 들었다
햇살만이 숲속의 아이들을 깨우려고 분주하다
햇살이 커튼을 조심조심 열어
나뭇잎 한 귀퉁이를 살짝 비춘다
부지런한 산초는 작은 소리에 잎을 팔랑거린다
산새는 동네가 다 알도록
아침 식사를 끝냈다고 자랑한다
분주한 아침 시간이 지나고
정해진 일터로 각자 집을 나설 즈음

아르테미스의 숲에서 아침을 보낸 나의 성스러운 교만
모기는 좀 더 겸손하라며 일침을 가한다

카나리새풀

넌,
어디서
왔니 동토의
대륙을 건너기 위해
머뭇거리던 발걸음 채서
달리고 달려 정착한 곳은 땅
한 줌 없는 돌틈 계단을 비집고 나와
도시인의 바쁜 발길 밑에 살고 있는 너
목소리도 예쁜 카나리아 새의 먹이로 사용된
너는 안전장치 없는 바닷길 대륙 길을 건너고 건너
여기서 너를 만날 줄은 생각도 못해 더 반가운 마음이
고양 종합운동장 부지서 모여 살면서 서로를 의지해
외래종이란 편견을 떨쳐버리려 애쓰고 애쓴 덕분
토종들과 사이좋게 지내려고 보이지 않는 사투
그렇게 인고한 세월이 물 좋고 땅 좋은 곳은
구경만 하고 돌계단 틈이라도 내 집인 게
너무 기뻐 몸을 쭈욱 고개를 내밀고
지나는 이들 발걸음에 인사를
하면서 하루를 살아내니까
이제는 토착화란 이름도
붙여주어 마음이 편안
이제야 내이름을
카나리새풀이
라고 자신
있게 말
한다
난,

봄맞이 가곡의 밤

거실 유리창 밖 겨울 내내 펼쳐진 갈색 톤이 넘어가고
연둣빛 물결 봄의 악보로 화려한 변신을 했다
산까치가 봄맞이 음악회가 열린다고 알려준다

연습실에선 공연 준비로 각자 목청을 푸느라 시끄럽다
도 먼저 연노랑 짧은 드레스 차림의 산수유꽃이 보조개를 만들며
레 뒤이어 양지 바른 곳에 살던 흰 드레스 입은 매화
미 꽃샘추위 귀여운 노랑색 캐시미어 볼레로를 걸친 개나리
파 아침저녁 쌀쌀한 날씨 오똑한 콧날을 하늘 높이 세운 목련
솔 훈풍 봄바람을 뚫고 분홍저고리 입은 수줍은 진달래색시
라 하룻밤 사이 툭툭 터진 열두 폭 치마를 활짝 편 벚꽃
시 길가 낭창거리는 몸매로 까치발을 들고선 이팝
도 향수 냄새 진한 라일락 목청에 관객석에선 박수가 터졌다
이상기온은 도레미파솔라시도

봄의 합창이 동시 상영으로 울려 퍼지게 한다
마지막 출연자 초대가수 등장이다
짙은 군청색 정장에 흰 행거치프 차림의 산까치가 무대를 뒤집었다
드디어 공연이 끝났다

구파발천에서 진관사까지 걸으며
눈호강 귀호강의 멋진 합창을 공짜로 관람했다
아쉬울 것 없는 아름다운 봄이다

타인의 인생

새댁시절 꽃이 좋아 꽃꽂이를 배웠다
그녀와는 그렇게 가까워졌다

뜨거운 발열이 시작되다
매주 새로운 만남을 갖고 이야기를 나누고
이별이 아쉬워 집까지 데리고 왔다
아침저녁 애틋한 눈짓을 주고 받았다
사람들은 그녀의 미모와 향기에 감탄한다
일주일, 사랑의 유효기간이란다

차가운 오한의 이별을 경험하다
열정은 시들어져 쓰레기봉투로 던져진다
그동안 쏟았던 정성도 기억이 흐려진다
어떻게 하면 많이 빨리 잊을까 고심해가면서
집 밖으로 내보내지만 측은지심은 없다
그녀가 앉았던 자리는 깨끗하게 치워지고
애무의 손길은 차가운 비누거품으로 닦여진다

오늘, 고양꽃박람회장에 왔다
스스로 잘 살아낸 그녀는 여전히 싱싱하고 관능적이다

도처에 넘쳐나는 구애의 찰칵거림
늙어버린 나는 한껏 차려입었지만 눈길조차 안 준다
시간을 품은 일산 호수공원 물속에 나무가 춤을 춘다
파란 하늘을 올려다보니 매직하나 툭 던져준다

사는 거 별 거 있나
까슬한 마음 다독이며 그럭저럭 살아가라 한다

신경전

생화보다 조화를 좋아하는 특별한 취미를 가진 그
퇴근길 술 한 잔 거나하게 취해 리어카의 조화 한 무더기를 산다
해바라기글라디올러스진달래철쭉안개백합나리물망초
거어베라은방울조화금낭화마가렛리디안연꽃한란튤립
티보치나금잔화메리골드코스모스백일홍란타나차이브
시각적 효과 극대화
성모님 옆 성화초 옆 오래된 시계 옆 색으로 충만하다

조화보다 생화를 좋아하는 그녀
들썩들썩 큰소리가 오가고 여행 갔다 오면서 생화를 한 다발 산다
수레국화루드베키아퐁퐁국화부자벨가못매발톱
과꽃스카렛메이딜란트해당화생화줄장미범부채
솔체꽃티로즈플로리다로즈란타나나팔꽃양귀비
후각의 기억은 영원하여 마음 한 귀퉁이에 남겨진다
며칠에 한 번 새로운 싱싱함이 아침마다 생기를 돋운다
언제 끝날 줄 모르는 그 둘의 신경전은
울퉁불퉁 아직도 진행 중이다

* 김순진의 「숨은그림찾기」를 패러디

녹색발전소

애벌레 한 마리
가녀린 나뭇가지 위를 아슬아슬 줄타기하며
서두르지 않고 성정대로 나아가고 있다
한 땀 한 땀 필살기로 바느질을 하고 있는 그녀
겨울 지낼 연탄, 김장독과 쌀독을 채울 채비에 바쁘다
하늘에서 내려온 한 줄의 흰 실오라기
여리디여린 집념이 입혀져 질긴 동아줄이 된다
오월의 바람은 그녀를 그네에 앉혀 하늘 높이 밀어준다
그녀는 곧 연노랑 치마저고리로 갈아입고
하늘 높이 날아오를 것이다
지금은 푸른 천을 짜기 위한 직조의 시간
그녀가 고단함을 떨쳐버릴 우화를 꿈꾼다
오월의 숲은 거대한 녹색발전소다

능소화

화장 머리 옷으로 한껏 분장하는데 두 시간 걸렸다 요즘 나는 한껏 물오른다는 이야기를 자주 듣는다 팽팽하고 화사한 피부 쭉 곧은 다리엔 올킬 구두 신고 각선미를 뽐낸다 여름날 오래된 골목길에서 화보를 촬영한다 담벼락 기대선 내 모습에 독자들은 감탄을 자아냈다

한껏 차려입고 세트장에 나갔지만 스텝들은 비 뿌릴 준비가 한창이다 떠나는 애인을 잡기 위해 초록 대문을 뛰어나오니 이미 멀어진 뒷모습을 보고 있다 빗물이 뿌려진다 단단히 붙였던 긴 속눈썹도 떨어지고 결국에는 툭하고 고개를 떨군다 정성껏 한 화장이 녹아내려 삐에로가 되어가고 흠뻑 젖은 얇은 실루엣의 어깨선이 보인다

힘들다고 생각될 때쯤 컷 사인이 떨어졌다 저 멀리서 커다란 수건을 들고 매니저가 뛰어온다 여주인공은 사람들에 둘러싸여 연기가 물올랐다고 칭찬을 듣고 있다 초록 드레스의 완벽한 몸매와 또렷한 이목구비는 환상이다 그러나 화려함 뒤에 숨겨진 그늘로 내 마음은 멍들고 있다

플레시백

북한산 능선이 한눈에 보이는 길이 있다
형제봉 족두리봉 향로봉 문수봉으로 이어지는
능선 위에는 푸르름이 점점 짙어지는 하늘길이 있다

그 묘한 빛은 오 년 전 저장된 기억을 끌어낸다
오석 벼루에 청먹을 정성껏 갈고
오소리 붓술을 물에서 꼼꼼하게 풀어내
벼루에 비벼 붓술을 보기 좋게 고른다
먹물을 온몸에 여리디여리게 묻힌다
몸통의 반까지 회색 먹물로 덧칠한다
마지막 붓 끝부분에 진한 먹을 콕 찍는다

붓을 곧추 잡고 무심히 긋는다
무던히 그렸던 인고의 시간을 돌려본다
잠깐 사이 해는 능선을 넘어가고
평온한 시야는 하늘과 북한산 사이에 멈춘다
오늘 하루를 재생해보니 아무 일 없이 지나간
감사함이 짙게 그어져 있다

육아의 고수

꽃샘추위가 가까이 머물러 있는 실개천 가에 사는
나는 자식이 열두 명이나 되는 다둥이 엄마입니다
간간이 훈풍이 슬쩍 불어오는 초봄
피해 갈 수 없는 독박육아의 늪에 빠지고 말았습니다
새끼들은 천방지축 돌출행동으로 정신을 쏙 빼놓습니다
가끔 산책 나갈 때는 잘 따라오고 있는지
누가 뒤처지는지 뒤돌아 셀 때마다 다릅니다
자식들은 먹성이 좋아서 하룻밤 사이에도 부쩍부쩍 자란답니다
웬만큼 먹거리를 준비해도 모자라 동네가 떠나가게 울어댑니다
시끄럽다고 민원 들어올까 봐 가슴이 조마조마합니다
나의 육아철학은 '강하게 키워야 한다'입니다
매일 비탈을 오르고 작은 절벽을 뛰어내리며
빠른 물살을 거슬러 올라가는 연습을 시킵니다
모두 다 잘하는데 무녀리라는 첫째는 울고만 있습니다
나는 스스로 해보라고 못 들은 척합니다
밤만 되면 나타나는 살쾡이를 피하려면
스스로 생존할 수 있는 법을 알려주고 싶습니다
어느 날 아침 일어나 보니 한 아이가 없습니다

나는 너무 놀라 동네 여기저기 실종신고를 했습니다
어디 갔을까 마을사람들은 모두 걱정해줍니다
모두 다 웅성웅성 들썩들썩
실종신고 사건은 동네 카페를 뜨겁게 달구며
걱정스런 답글로 관심이 집중되었습니다
개천가 수양버들은 머리 풀어 헤치고 액막이춤을 춥니다
나는 다시 아이를 잃을까 품 안에 넣고 잠을 재웁니다
아이가 품 안에 다 들어오지 않게 자라자
외발로 물 한가운데 서서 밤새 보초를 섭니다
나의 지혜와 모성애에 진관동 주민들 모두 놀랐습니다

열두 명을 키워낸 오리엄마는 존경받아 마땅합니다

군산 울외

참외도 오이도 박도 아닌 그녀는
연두색 저고리 입은 고운 새각시다

여기가 어딘지 적응할 틈도 없이
사정없이 천일염에 온몸이 뒹굴려진다
몸속에 짠 기운 속속들이 배고 나면
술지게미에 설탕과 버무려진다
마음속에 응어리진 고된 시집살이의 한풀이

삼 년간 꼭꼭 싸둔 항아리 개봉하니
매끈하던 옥색 손은 짜글짜글 주름진 손이 되었다
정지 바닥을 수도 없이 다졌을 발바닥의 수고와 함께
울외만의 감칠맛
금세 밥 한 그릇 뚝딱 비우는 밥도둑으로 변신했다

음주단속

꽃샘추위 끝물 무렵 고구마를 심어만 놓고
버려두다시피 했더니 가을걷이하라는 소식이 깨톡한다
여름 무렵 고구마줄기보다 풀이 더 무성하다는
외도의 현장사진을 친절한 깨톡 씨가 전송해주었지만
나의 좌우명 귤함으로 퉁쳐버렸다

추석연휴 날을 잡았다
술 마신 벌건 얼굴로 민폐를 끼친다는 민원에
호미 낫 쇠스랑으로 무장한 단속반은
음주범 잡아 가둘 박스도 여러 개 트렁크에 쟁였다

도착해보니 들깨와 메주콩 등 이웃들은 이미 골이 깊었고
무섭게 성내며 저들끼리 엉겨 붙어 뒹굴고 있었다
그들을 밖으로 끄집어내려니 낮술 한 잔 했는지
온몸에 열을 올리며 저항이 만만치 않다
음주범 다니는 길목 길목 지켜섰다
퇴로를 차단하고 단속해 박스에 가둔다

나도 낮술 반 잔으로 불타는 고구마 되니
서로 동지애를 느낀다

곱슬머리

가을 실개천의 갈대가 동백기름 바른 듯이 기름이 흐른다
가을 냄새 폴폴 바람에 고운 머릿결을 자랑한다
평생 곱슬머리를 가진 난 네가 부럽다
나도 너처럼 빛나는 머릿결을 한번이라도 해봤으면 좋겠다

샴푸냄새 폴폴 풍기며 까만색 교복 잘록한 허리띠
하얀 카라에 닿을 듯 말 듯 긴 머릿결을 가진 소녀들이
찰랑찰랑 이리저리 흔들거리며 내 앞에서 걸어간다
곱슬머리를 가진 나는 한없이 부럽다

오늘은 가을비가 왔다
나의 앞머리는 너무도 신이 나서 박자 음정 없이
제멋대로 일어나서 노래를 부른다
곱슬머리를 가진 난 내 머릿결이 너무 싫다

수십 번의 가을이 지났다
그 지난 가을만큼 내 머리카락도 우수수 낙엽처럼 떨어진다

젊은 시절 절반도 되지 않는 내 머리숱
아침마다 떨어지는 머리카락의 숫자가 지대한 관심사다

파마하러 단골 미용실엘 갔다
내 또래의 고객이 머리숱이 엄청 많으세요, 부러워한다
언니는 곱슬이라 숱이 많아 보인다는 단골집 미용사의 멘트
곱슬머리로 살아온 한을 다 날려버릴 듯 시원해진다

가을의 끝 무렵 실개천에 갔더니
갈대가 바람에 씨앗을 하나씩 날리고 있다
매끈하던 갈대 잎은 부스스한 모습으로
나도 너처럼 되었지, 위로의 말을 날린다

나의 동료

나는 팔월 말이면 퇴직이다
나와 책상을 마주한 동료가 있다
우리 둘은 세 번의 여름을 같이 보냈다
그녀는 배울 점이 많은 동료다

웬만해선 얼굴 찡그리지 않고 늘 푸른 미소를 짓는 그녀
여름마다 다들 덥다고 아우성인데
그녀는 매일 아침 새벽이면 꽃시장에 나가
아름다운 황금색 꽃을 사와 모두의 눈을 즐겁게 했다
가을에는 선물로 연두색 꽈리를 색종이로 접어
하늘색 유리병에 넣어주었다

속상한 일 있을 때마다 염주 만들라고
염주 알도 한 봉지 나누어 주었다
어느 겨울날도 그녀는 추위에 떨면서
흰 눈꽃다발을 한아름 안겨주었다
내가 별일 없이 근무를 마칠 수 있었던 것은
그녀의 변함없는 우정이 있었기 때문이다

이제 다음 달이면 나는
사랑스런 그녀와 헤어져야 한다
자주 보지 못하더라도
우정은 변치 말자며 꼭 안아주었다

그녀의 이름은 모감주나무다

산모기

너는 숙련간호사다
긴팔 긴바지 긴장갑으로 온몸을 감쌌어도
딱 보면 혈관이 어디 있는지 안다
따끔해서 탁 치면 피가 묻어난다
벌써 채혈 끝 한 방에 성공한다
혈액병을 들고 한껏 어깨를 부풀리며
날개를 활짝 펴고 성공의 노래를 불러댄다
윙윙윙
나는 너의 신기에 가까운 기술이 부럽다
나는 혈관 찾는 기술이 서투른 신규 간호사다
간호학 실습시간에 아무리 연습해도
기술이 나아지지 않는다
두꺼운 지방으로 감싼 팔뚝
가느다란 혈관을 보면 더 자신감을 잃고 만다
툭, 하고 고무줄을 풀어 보지만 피가 안 나온다
이번에도 실패다
환자의 불편한 눈빛을 보니 더욱 움츠러든다.
마음과 몸의 힘이 다 빠져 날아오를 힘도 없다
내일은 눈물 찔끔 흘려도 숙련간호사에게
한 수 배우러 가야겠다

작품해설

자연주의 철학을 스캔한 불굴의 시학

김 순 진 (문학평론가 · 은평예총 회장)

자연주의 철학을 스캔한 불굴의 시학

김 순 진 (문학평론가 · 은평예총 회장)

권진숙 시인은 간호학과 교수이자 자연을 매우 사랑하는 시인이다. 그녀는 전국의 명산을 거의 다 등반하였고, 지금도 매년 여름이면 외국의 산과 그 산이 소재한 마을을 찾아 트레킹하고 있다. 그녀는 힘들고 외로울 때면 자연을 찾았고, 지금도 북한산과 함께 살고 있다. 그녀에게 있어 자연이란 단순히 숲향기를 맡고 휴식을 취하는 공간만이 아니다. 그녀에게 자연은 쓰러져도 다시 일어서는 풀과 같은 불굴의 의지를 배우고 내 안의 상처를 스스로 아물리는 치유의 공간이다. 아무리 큰 태풍이 불거나 산사태와 홍수가 일어나더라도 그것을 받아들이고 순응하며, 다시 생동하는 자연으로부터 그녀는 진정한 간호학의 이치를 깨닫는다. 환자의 옆에 아무리 좋은 의사와 간호사가 있더라도 환자 자신이 스스로 일어서려는 의지가 없으면 생명을 구하기 어렵다는 것을 그녀는 자연으로부터 배워왔다.

자연은 끊임없이 도전한다. 자연은 석 달 열흘의 가

뭄을 견디며, 폭설과 폭우, 폭염으로부터 저장과 분배를 실천한다. 씨앗이 떨어져 아무리 건천에 있다 하더라도 마침내 발아래 뿌리를 내리고, 혼자 살아가는 것이 아니라 동식물과 함께 나눔을 실천하는 이치를 권진숙 시인은 에콜로지즘, 즉 자연의 정신으로부터 스캔한다.

권진숙 시인이 그토록 자기 인생에 진심일 수 있었던 원동력은 어디에 있을까? 그것은 그녀가 등산을 배우고, 자전거를 타며 만난 자연을 친구로 삼고, 스승으로 모셔 왔기 때문이다. 나는 평소 강단에서 나에게 시를 배우는 사람들에게 사물시를 많이 쓰라고 가르친다. 관념시는 그만큼 독자에게 이미지를 전달하기 어렵다. 그런데 권진숙 시인의 시는 거의 대부분 관념을 다룬 시다. 그것은 그만큼 권진숙 시인이 시를 다루는 능력이 몸에 배었다는 말로 풀이할 수 있다. 그녀가 그토록 관념을 좋아하는 이면에는 마음이 허하다는, 할 말이 많다는 이야기로 풀이할 수 있다. 그런데 그녀는 직접 말하지 않고 자연을 통해 말을 한다. 그것이 시쓰기의 수맥이다. 최근 그녀는 2023년 제10회 스토리문학상을 수상했다. 그것은 그녀의 시적 완성도가 공인을 받았다는 말이다.

그럼 이쯤에서 권진숙 시인이 자연으로부터 어떤 기를 받고 어떤 깨달음을 얻으며, 어떤 성장을 할 수 있었는지 살펴보기로 하자.

장마전선이 북한산의 허리를 붙들고 한줄기 세찬 소나기를 풀어내자
새털구름은 산을 타고 하늘로 오른다
비가 뜸한 사이 산책을 나섰다
북한산 내시묘역길 입구엔 여기소터[汝基沼址]가 있다

만리장성 쌓은 하룻밤 인연 따라 남장을 하고 홀로 천릿길 걸어와
북한산성 아랫동네 우물가에 터를 잡았다
불어오는 훈풍에 붉은 봉우리는 님 생각에 맥박이 다름질한다
목에 콱 걸린 그리움은 돌 깨는 정소리로 깊게 파고든다
님 소리 들으려 기린 목이 되고 예민한 귀는 경보시스템으로 작동한다
희망과 절망으로 짜여진 시간, 마음은 어두운 동굴에 움츠려든다
님을 만날 수 있다면 무엇인들 못 하리
바람은 세상을 춤추게 만들고
그녀는 한 잎 낙엽이 되어 물 위에 떠돈다
달빛에 비친 내 얼굴
님이 볼 수 있길 바라며 동그랗게 동그랗게 돌고 돈다
달이 가고 해가 가고 붉은빛 옷을 갈아입고
차가운 육신은 한강으로 먼 여행을 떠나고
소문은 동네를 술렁이게 한다
그녀가 떠난 뒤 님의 통곡은 북한산 계곡물을 따라 흘러간다

그쳤던 소나기가 다시 퍼붓는다
비련의 여주인공이라고 쓰여 있지만 나는 용감한 여인

이라고 읽는다

* 여기소터(汝基沼址) : 북한산 둘레길에 있는 곳, 기생이 관리를 찾아 왔으나 북한산성 축조를 하고 있어 만나지 못하고 있다가 우물에 빠져 죽었다는 이야기가 전해지는 곳

-「용감한 그녀」 전문

이 시는 북한산 입구에 있는 팻말을 보고 쓴 시다. 소설가이기도 한 나는 권진숙 시인의 이 시를 읽고 최근 「나, 여기 있소」라는 단편소설을 완성했다. 그리고 이 소설은 은평연극협회가 각색해 올가을에 대학로에서 연극으로 공연될 예정이다. 이 시의 각주에 나와 있는 것처럼 "여기소터[汝基沼址]는 북한산 둘레길에 있는 곳으로 기생이 관리를 찾아왔으나 북한산성 축조를 하고 있어 만나지 못하고 있다가 우물에 빠져 죽었다는 이야기가 전해지는 곳이다. 나는 이에 착안하여 소설 속에서 남자 주인공을 수원화성 관리자로 설정하고, 기생을 수원의 한 기방 기생으로 설정했다. 그리고 그녀가 어려움을 딛고 사랑을 찾아왔으나, 주변의 모함에 의해 관리는 구속되고 기생은 겁탈당할 뻔하다가 죽임을 당한다고 설정했다. 전설이 모두 팩트로만 이루어질 수는 없다. 전설은 그저 전설일 뿐이고, 그 이후 전설을 알리는 것도 작가의 몫이며 전설을 슬프고 아름답게 만드는 것도 작가의 몫이다. 이 시에는 은평구에 관한 지명이 여러

번 나온다. 이 시도 그렇고 「금암기적비 하마비」도 그 한 예이다. 금암기적비와 하마비는 각자 유래를 안고 있으며 전해진다. 영조가 왕자 시절에 아버지 숙종의 묘소인 서오릉에 들렀다가 금암참에서 쉬고 있을 때 '도둑이야!'하는 소리가 들려 사람들이 소도둑을 잡았는데 사연을 들어보니 흉년이 들어 먹을 것이 없어서 도둑질을 할 수밖에 없었다고 말했는데, 영조가 이를 불쌍히 여겨 용서해 주었고, 이를 기리고저 정조가 금암기적비를 세웠다는 전설이다. '구파발'이란 지명이 옛날에 파발이 떠나던 장소였다는 것은 누구나 알지만, 파팔에 얽힌 전설이나 사연이 내려오는 것이 없고, 봉산이란 산의 이름이 있고 봉화대가 다시 재현되어 있지만, 봉화에 관한 전설이나 사연이 내려오는 것이 없으므로 그것은 우리 시인이나 작가들의 몫인데, 권진숙 시인은 그런 몫을 잘 담당하고 있는 것이다.

시작은 답십리 너른 들판과 촬영소에서
하루 종일 이리저리 뛰놀기만 해서 이름도 몰랐죠
전농동 로터리를 거쳐 청파동으로 오게 됐죠
변두리 살다 도심으로 나오니 볼거리 먹거리 천지더군요
대우빌딩 엘리베이터 구경도 가고
종로 고려당 앞에서 친구를 만나 당주당 매운 냉면을 먹었죠
연탄냄새 맡아가며 신당동 떡볶이도 회수권과 바꾸고
교회 오빠 짝사랑에 가슴앓이로 한눈도 팔았죠

밤새워 새까만 깜지도 만들고 문제집도 못 사게 구니
이름이 끈이구나 어렴풋이 깨닫게 되었죠
짧을수록 좋다고 꼬셨지만 넘어가지 않았죠
집 떠나 새로운 끈을 이어붙이기로 모험심이 발동했죠
만만히 본 객지 생활이 힘들어 번아웃 불청객이 찾아와
몇 년 간은 여기저기 숨어 지냈죠
가을볕이 꼬리를 자르고 거실 창밖으로 물러난 오후

악마가 나의 성과 이름을 가방끈이라고 알려주며
기다랗게 이어 붙여봐 너는 할 수 있어, 속삭였죠
주변에 소문을 내니 듣지 마라 나이를 생각해라
뇌졸중 온다 암 걸린다 협박성 반대가 난무했죠

안 써 뻑뻑해진 관절에 기름칠도 하고
돈을 빌려 인천의 하버드에서 가죽끈을 구했죠
녹슨 바늘과 가느다란 실로 이어 붙여야 하니 고생이
많았죠
바늘에 찔리는 피나는 노력으로 가방끈을 길게 만드니
사람들이 이름을 긴 가방끈으로 불러주네요
길어진 가방끈은 들고 다니기엔 불편해져 집에 놓고
요즘 동네 푼수 아줌마로 편하게 살고 있죠
힘든 만큼 행복했다고 영혼 없는 대답을 하곤해요
더 이상은 길어지지 않을 거야, 다짐하며

–「어떤 성장일기」 전문

이 시는 권진숙 시인이 시로 쓴 이력서다. 권진숙 시인은 서울 동대문구 답십리동에서 출생하고 그곳에서

유년 시절을 보낸 서울 토박이이다. 권진숙 시인을 생각하면 도전정신이 떠오른다. 왜 그런 생각이 들까? 그녀는 끊임없이 도전하며 살아온 사람이기 때문에 그렇다. 젊은 시절 국군간호사관학교를 졸업하고 국군수도병원에서 간호장교로 근무하다 육군 대위로 전역한 이력만으로도 특별한데, 한국방송통신대학교 법학과를 졸업하고 연세대학교 보건대학원 졸업하며 보건학석사 학위를 취득한다. 그리고 끝내 인하대학교 일반대학원에서 간호학박사를 취득하는 쾌거를 이룬다. 이 같은 그의 학업적 성취는 부모가 지원해주는 학비로 공부한 것이 아니라, 아이를 낳아 기르며, 직장생활을 하며 이룬 업적이라 더욱 숭고하다. 그리하여 그녀는 마침내 학자의 최고봉인 대학교수의 꿈을 이루어 서정대학교 전임교수로 강단에 선다. 그리고 현재는 그녀의 모교인 인하대학교에서 초빙교수로 후학들을 양성하고 있다. 이 시는 권진숙 시인이 배움에 대한 열망이 얼마나 컸는지를 보여주는 시다. 가방끈이란 학력을 일컫는 은어다. 가방끈의 길이는 실제로 학력과는 상관이 없는 말이다. 그러나 가방을 오래도록 메고 다닌다는 뜻에서 온 은어 가방끈의 연장은 도전정신의 상징으로 불린다. 그래서 그녀는 가방끈을 연장하기 위해 학비가 안 드는 국립 국군간호사관학교에 들어가게 되었고, 임관하여 국군간호장교가 되고 국군수도병원에서 근무하다가 육군 대위로 전역하게 된다. 그리고 사회에 나와 결혼과 출산, 직업전선에서 가방끈

연장의 필요성을 절실히 깨닫고 공부해 마침내 간호학 박사를 취득하고 대학교수에 이름을 올리니, 나는 이 부분에서 가슴이 울컥하며 눈물이 흐르는데, 본인은 얼마나 자신이 대견하고 벅차올랐을지 가늠이 되지 않는다. 이제 자연인으로 돌아올 우리의 나이이지만, 그래서 "길어진 가방끈은 들고 다니기엔 불편해져 집에 놓고 / 요즘 동네 푼수 아줌마로 편하게 살고 있"는 나이지만, "힘든 만큼 행복했다고 영혼 없는 대답을 하곤"하는 권진숙 시인님께 '그때 정말 잘하셨노라고, 대단했었노라'고 다시 한번 우레 같은 박수를 쳐 치하해드리고 싶다.

화장실 세면기가 고장났다

똑 · 똑 · 똑
한나절에 바가지 물이 가득하다
양치질에 손 씻기 세면기를 닦느라
버리지 않고 사용한다
수도꼭지 틀지 않아도 나를 위해 준비된 물
세면기의 누수다
고 · 맙 · 다

카톡 · 카톡 · 카톡
남들 폰은 잘 울리는데 내 폰은 조용하다
기다림에 가슴이 탄다
소통의 누수다
부 · 럽 · 다

깨톡 · 깨톡 · 깨톡
때 되면 열심히 보내주는 친구
무심히 흘려버렸는데
모아보니 한 바가지다
먼저 안부 문자 보내야겠다
내 마음의 누수다
미 · 안 · 하 · 다

툭 · 툭 · 툭
점점 크게 들린다
잠은 안 오고 애꿎은 화장실한테
화풀이하러 들락달락한다
내 몸의 누수다
미 · 치 · 겠 · 다

-「누수」 전문

이 시「누수」는 「어떤 곡예사」, 「고양이 가족」과 함께 2023년 제10회 스토리문학상에 당선된 작품이다. 최종심사를 맡은 대진대학교 국어국문학과 서범석 교수는 권진숙 시인의 시를 동점자 없는 최우수작으로 선정해 "재치 있는 언어터치로 세계와 자아에 관한 새로운 깨달음을 엮어내는 솜씨가 탁월하다"는 평가를 주셨다. 권진숙 시인은 ≪스토리문학≫ 2023년 하반기호(111호)에 게재된 당선소감을 통해 "상을 받는다는 것은 새로운 출발을 하라는 채찍으로 알고 초심으로 돌아가 설레는 열정을 가지고 작은 것에 감사하고 고뇌하며 살아가겠습니다."라고 열정을 피력했다. 이 시에서 권진숙 시인이 화장실 세면기의 누수를 통해 깨닫는 누수는 여러 가지다. 첫 번째는 말 그대로 '물이 누수'다. '똑 · 똑 · 똑' 떨어지는 물로 일부러 받지 않아도 손을 씻을 수 있는 누수 앞에서 시인은 고장난 수도꼭지에 대해 화를 내는 것이 아니라 '수도꼭지 틀지 않아도 나를 위해 준비된 물'에 대해 고맙다고 말한다. 두 번째는 '마음의 누수'다. '깨톡 · 깨톡 · 깨톡' 때가 되면 친구가 보내주는 카톡에 대해 무심히 흘려보내다가 내 마음에 누수가 된 걸 깨닫는다. 이 대목에서 나도 반성한다. 지인이 많은 만큼 많은 사람들이 나에게 안부문자를 비롯하여 좋은 글, 좋은 영상 등을 보낸다. 나는 휴대폰에 5천여 명의 사람의 연락처가 저장되어 있으므로 사실 카톡방을 만들자 하고, 카톡으로 안부 문자를 보내는 것이 싫다. 그런데 권진숙 시인의 이 시를 통해 상대방은 내게 관심이 있고 좋아서 보내는 것이라는 것을 깨닫는다. 이젠 나에게 열심히 카톡을 보내주는 분들에게 감사하는 마음으로 답장도 보내고 밥이라도 한 끼 사드려야겠다. 세 번째는 '건강의 누수'다. 이제 잠자리에 들면 자주 소변을 보려고 깨고, 이곳저곳 몸이 쑤시고 아플 나이가 돼 온다. 권진숙 시인의 말을 빌리자면 '건강의 누수'가 될 시기이다. 여기에 한 가지를 더 추가하자면 '관심의 누수'다. 나이가 들어가면 가장 먼저 관심의 누수가 온다. 할 일이 줄어들고, 혼자 있는 시간이 많아지며, 며칠씩 아무도 찾는 이가 없는 날들이 이어진다고 한다. 그런 관심의 누수를 견디는 게 어른이라고 한다. 지금은 어르신이란 이름이 조금 낯설긴 하지만, 이제 몇 년 안에 자연스럽게 어르신이란 호칭을 받아들여야 할 때가 오고 있다. 그러면 '젊음의 누수'야 오겠지만, '지혜의 누수'는 막아야 한다. 어른이 될수록 버럭버럭 화를 내고, '안 온다', '전화를 안 한다', '용돈을 안 보내준다' 같은 투정으로 '지혜의 누수'를 흘려보낼 것이 아니라, 자식들에게 '애들하고 사느라 힘들지 않니?', '공부하느라 얼마나 힘들었니?', '아비, 어미는 아무래도 괜찮으니 너희들이나 건강하게 잘 살아라.' 같은 그동안 수십 년 동안 채워놓은 지혜의 댐을 방류하여야 한다.

여름 장마 끝 무렵 바람 부는 날 창릉천에 갔다
더벅머리 총각들이 둑방에 마을을 조성했다
풀씨 성을 씨족마을로 이름은 실새 그령 포아 개밀 산조이다
덥수룩한 머리를 정리해주러 바람이 출장을 온다
첫 손님 실새풀 총각은 고슬고슬 배냇머리를 가졌다
머리 감고 털기만 해도 이십 년은 어려보인다고 아우성이다
바람은 머리카락 끝을 살랑거리도록 에센스를 바른다

다음 손님은 이번 장마에 가장 많은 머리숱과 길이를 키운 장돌뱅이 그령총각이다
강한 바람으로 이리저리 모양을 만든다

빠른 손놀림은 올백이 됐다가 이대팔 오대오를 만든다
정말 신기한 기술이다
올해가 가기 전 꼭 인연을 만나고 싶다고 머리끝 부분을 묶어달란다
역시 러브글로스다운 생각이다

포아총각은 실새와 머릿결이 같으니
자연스럽게 끝만 다듬어달라고 요구한다
그러나 바람은 가지런한 오대오 머리가 더 어울린다며
자신의 실력을 믿으라고 큰소리를 치며 빗어넘긴다
또 머릿기름을 발라놓으니
바람의 손길은 주르륵 미끄럼을 탄다
재미있는 이발놀이를 넋을 놓고 보고 있는데
갑자기 한줄기 비가 쏟아진다
샴푸하세요 손님, 바람이 멈추고 햇살이 헤어드라이어를 든다

학교 갔다 돌아오니 별반 하는 일 없는 노총각 삼촌이
봄바람이 났는지 머리를 감고 있다
포마드 바른 머리는 이대팔로 빗어넘긴다
노총각 시동생 장가 못 보내 애간장을 태우던 엄마는
그 모습에 반색하며 윗주머니 용돈까지 찔러 넣어준다
여름이 오기 전 봄바람이 세차게 더 불었으면 좋겠다

–「바람의 이발소」 전문

아름다운 생각이 작품을 만들고 기발한 생각이 보다 나은 사회를 건설한다. 권진숙 시인은 창릉천에서 성업

중인 '바람의 이발소'를 보았다. 바람은 정말 바라는 게 많다. 바람은 정말 바람처럼 이루어진다. 바람은 바라는 것만큼 소원을 이루어진다. 바람은 바라지 않는 사람에게는 아무것도 바라지 않는다. 바람은 바람을 이루려는 사람에게 한 줄기 바람처럼 청량한 바람을 가져다준다. 바람은 차근차근 자기의 바람을 엮어가는 사람에게 시집 『Rock 가수 21호』 같이 좋은 시집을 선물해준다. 바람에게 어울리지 않는 말은 없다. 바람의 대장간, 바람의 시화전, 바람의 문장, 바람의 무늬, 바람의 아들, 바람의 나라, 바람의 언덕, 바람의 뜰, 바람의 신전, 바람의 파이터, 바람의 화공, 바람의 화원, 바람의 합폭, 바람의 연회, 바람의 식탁, 바람의 전화, 바람의 노래, 바람의 연주, 바람의 선율, 바람의 소원, 바람의 계획, 바람의 여권, 바람의 학교, 바람의 시장, 바람의 상점, 바람의 텃밭, 바람의 쇼핑……, 등 지면을 열두 페이지도 더 채울 만큼 바람의 이야기는 끝이 없다. 권진숙 시인이 말하는 바람의 이발소에 단골손님은 "실새, 그령, 포아, 개밀, 산조"다. 대부분 화본과식물(禾本科植物)로 벼이삭처럼 생긴 이삭 끝에 보리나 밀처럼 씨앗이 맺히는 식물들이다. 이들은 모두 이삭 끝에 긴 터럭을 달고 있는데, 권진숙 시인은 이들의 모양이 마치 머리를 깎지 않고 덥수룩하게 생긴 시골 총각들을 연상한다. 그리고 마치 비누 거품이 묻은 것 같은 그들에게 한줄기 비가 뿌려지면, "샴푸하세요"라며 머리를 감겨주는 이용사의 말을 연상한다. 그리고는 그 모습을 어릴 적 장가를 못 가서 끌탕하다 바람이 난 노총각 삼촌으로 떠올리며, 용돈까지 찔러 넣어주는 엄마를 연상한다. 그렇다면 하나님이 바람에게 주는 용돈이란 어떤 것일까? 바람에게 해바라기나 글라디올로스는 5만 원권 지폐가 아닐까? 가끔 보이는 도라지꽃은 무슨 때에 발행되는 1만 원권 기념 지폐려니……. 구절초나 쑥부쟁이, 벌개미취는 5천 원권 지폐고, 메꽃도 나팔꽃도 코스모스도 1천 원권 지폐일 것 같다. 개망초, 유홍초, 씀바귀꽃 동전을 모아 쪼르르 가을 점방으로 달려가면, 밤톨이며 개암, 도토리를 살 수 있을 것만 같다.

이말산 올라가는 길목에는 Rock 가수 21호 집이 있다
공중파 싱어게인에서 Top 3에 올랐단다
그는 어깨까지 구불거리는 긴 머리를 기르고 있다
정류장 표지판과 광고 전단지로 첫 콘서트 한다고 홍보했다
드디어 콘서트 날이다
머리카락으로 얼굴의 반을 가리고 고개를 까닥거리며 박자를 탄다
이말산 자락 무대엔 밴드가 자리 잡고 있다
여름 한철 벌어 먹고져 매미들의 일렉기타 연주가 시작되었다
드럼쟁이 딱따구리가 발을 까딱거리며 드럼을 친다
플루리스트 호랑지빠귀가 음정을 맞춘다
소문난 싱어 꾀꼬리가 혼신의 힘을 다해 열창을 한다

합창단원인 박새 까치 어치는 화음을 넣는다
소쩍새가 큰소리로 마지막 곡이라고 알렸다
팬들은 움찔움찔 둥짓둥짓 열광하며 무대를 즐긴다
민들레는 하얀 야광봉을 들고 흔들어대며 지휘를 한다
긴 다리 개망초는 벌떡 일어서 어깨춤을 춘다
무대 디자이너 이팝나무는 아낌없이 꽃잎을 뿌려준다
무대는 흰 눈처럼 꽃가루가 날리며 축제분위기가 연출 된다
백댄서 버드나무의 뒤로 젖히는 머리카락이 간지난다
Rock 가수 21의 첫 콘서트가 무사히 끝났다

-「Rock 가수 21호」 전문

이말산은 북한산 자락에 있는 작은 산의 이름으로 '여성테마길'이라고 하는 길이 있고 이 길은 삼천사가 있는 계곡으로 통하며 나중에는 진관사로 해서 은평한옥마을로 내려오면 된다. 은평한옥마을에는 은평한옥역사박물관과 천상병과 이외수, 중광스님의 문학작품과 일대기를 전시해놓은 셋이서문학관, 그리고 삼각산금암미술관이 있는데 이를 관람할 수 있다. 위에서 언급한 바와 같이 권진숙 시인은 자연에서 에너지를 얻고 자연으로부터 지혜를 습득하며, 자연과 함께 친구로 살아가면서 삶의 여유를 가진다. 이 시는 ≪스토리문학≫ 2021년 하반기호 신인상 당선작으로 이 시집의 표제작이다. 당시 심사평을 썼던 나는 심사평에서 "「Rock 가수 21호」는 신춘문예 당선시 급의 시로 평가하는데 심사위원들은 주

저함이 없다. 요즘 코로나19로 공개방송이나 공연이 제한되는 상황에서 매미와 호랑찌빠귀, 꾀꼬리의 공연과 합창단원 박새, 까치, 어치의 화음은 민들레나 개망초, 이팝나무 같은 서민들에게는 청량제 같은 공연일 것이다. 소쩍새의 사회로 진행되는 'Rock 가수 21호'의 콘서트, 그 피날레를 장식하는 버드나무 백댄서의 간지나는 머리카락을 보는 권진숙 작가의 시에 방탄소년단 공연 이상으로 설렘이 인다."라고 평하면서 "체험과 상상의 재구성를 통한 현대시의 방향을 제시해주는 것 같아 설렘이 인다."고 밝힌 바 있다. 이에 권진숙 시인은 당선 소감에서 "학기가 끝나고 그동안 못 만났던 학우를 만나러 대학 연구실에 들렀습니다. 오랜만에 밀린 이야기에 정신이 팔려있는데 꿈결처럼 당선 소식이 들려왔습니다. 돌이켜보니 주별로 정해주는 주제를 시로 엮어 나갈 때마다 내면의 감정이 울렁거렸습니다. 때론 썰물로 확 들이치기도 하고 어느새 밀물이 되어 저 멀리 떠나 가버린 시상을 붙잡기 위해 무던히 애써왔던 시간들이 떠올랐습니다. 그런 과정 중 모호했던 과거의 나와 만나기도 하고 부끄러웠던 미숙한 나와 만나 화해하는 기회도 되었습니다. 힘들 때마다 끼적거려보았던 나의 과거의 편린들이 멋진 조각으로 재탄생해가는 창조의 과정을 지켜볼 수 있어서 참 행복했습니다."라고 소감을 피력하였다.

이말산 바로 밑으로 이사를 했다

뒷집에는 키 훤칠한 가족들이 살고 있다
이사 첫날 우리 가족을 향해 두 팔을 활짝 펴 환영해준다
아침이면 V자 손가락 인사와 웃음은
불면으로 잠을 설친 찌뿌둥함도 날려버린다
햇살이 비추면 실루엣으로 보이는 늘씬한 몸매는
물만 먹어도 살찌는 체질인 나를 부럽게 한다
조금씩 따뜻해지자 연둣빛 옷을 짓느라 정신이 없다
그 모습은 예측 불가능하여 경이롭기까지 하다
비 오는 날은 심심하지 말라고 합창대회까지 열어준다
그날의 협주곡은 또 얼마나 심금을 울리던지
실연했던 옛 기억이 불현듯 떠올랐다
눈 오는 날 흰옷으로 갈아입은 모습과
매끈한 다리 위에서 미끄럼을 타는 청솔모는
나를 동심의 세계로 이동시켜준다
그들을 아낌없이 주는 가족이라 나는 이름을 지었다
뒷집 가족의 선한 기운이 우리 집까지 뻗어온다
덕분에 우리 가족의 오랜된 불화의 퍼즐은
가끔은 아름다운 그림으로 맞춰지기도 한다
뒷집에 사는 반려묘도 낙엽을 바스락거리고
박새도 마른 덤불을 푸드덕거리며 낮게 날아다니며
잘 살라고 격려해준다

몇 달 살다 불현듯 깨달았다
내가 뒷집 참나무네 문간방에 세 들어 살고 있음을
그들이 우리 집 주인이었다
우리는 늘 신선한 공기를 배급받는다
여름철이면 국수비와 푸른 잎새를 에어컨 비로 보조받고

노란 잎새를 가을철 난방비로 보조받고
겨울철이면 흰 눈싸라기를 보조받는 우리는
푸름생활보호대상자지만
집주인 잘 만났다고 나는 여기저기 자랑을 했다
이사 참 잘 왔다

-「푸름생활보호대상자」 전문

최근 중국의 한 대학생이 그 대학 교수에게 질문하는 것을 유튜브로 보았다. "중국이 한국의 거의 모든 산업을 빼앗아 오고, 넘어서고 있으니 자기네가 선진국이고 한국은 개발도상국이 아니냐?"란 질문이었다. 그러자 그 교수가 말했다. "한국의 일반노동자 최저임금은 월 220만 원이고 중국의 일반노동자 평균임금은 100위안 선으로 한국 돈으로 따질 때 20만 원쯤 되는데, 어디가 선진국인가요? 중국에서 월 200만 원 받는 사람이 몇 사람이나 되나요?"라고 해서 선진국에 대한 열망을 꺾어버리고 환상을 깨라는 말을 하는 것을 보았다. 그런데 그것은 상대적인 개념이다. 한국에서 200만 원 버는 사람은 중국에서의 부자처럼 살 수 있을까? 최저임금에 매달린 사람들은 상대적 박탈감을 느끼며 생활보호대상자처럼 산다. 그런데 돈이란 개념은 누구에게나 자유로울 수 없다. 삼성의 재벌총수도 돈을 잘 관리하려다가 감옥에 갔다 왔고, 10억짜리 아파트를 가진 사람들도 아끼고 쪼개어 절약하며 살기는 마찬가지다. 자연 앞에 우리는 늘

생활보호대상자다. 햇볕과 맑은 공기를 늘 무상으로 지원받는다. 권진숙 시인의 말처럼 우리의 푸름 곳간은 늘 비어 있다. 콘크리트와 아스팔트로 대표되는 도시의 공간에서는 더욱 그렇다. 그래서 박정희 정부는 그린벨트라는 지역으로 개발을 제한하고 녹지 공간으로 놔두어 푸르름을 보존하려 하였다. 우리는 푸른 숲에게 신선한 공기와 시원한 그늘과 맑은 노랫소리를 무상으로 보조받는다. 그리고 국수비와 시원한 에어컨 비용과 눈싸라기까지 보조받지만, 그 고마움을 모르고 산다. 사람들은 땅에 금을 그어 소유하고, 그 위에 집을 올려 자기 집이라고 등기를 내지만, 사실은 이 모든 것은 숲의 소유고, 자연의 소유며 조물주의 소유라는 것을 권진숙 시인은 말하고 있는 것이다.

여름방학이 끝나고 온 아이들은
햇살과 바람에 의해 많이 변해 있었다
배가 볼록했던 개망초는 키가 한 뼘은 자라
기럭지 긴 몸매는 허리도 잘록해져 모델 같았다
평소 배탈이 자주 났던 애기똥풀은
방학 때 한 번도 누런 무른 똥을 안 누었다고 좋아했다
아빠랑만 사는 씀바귀는 노란 원피스를 입고 왔다
새옷 입고 좋아 생글거리니 귀여움이 뿜뿜 풍긴다
평소 어린 막냇동생 업어 키우느라 고생 많은 보라색 지칭개가 등교했다
놀이터서 많이 놀았는지 거무스럽게 탄 팔다리가 건강해 보였다

방학 때 먹기만 하고 운동을 안 했는지 옆으로 평수를 넓힌
돌나물이 들어오자 교실은 빈틈이 없이 꽉찬다
긴 장마가 끝나고 오랜만에 햇살까지 나오니
방학 동안 있었던 이야기로 교실천정이 들썩거린다
개학 날 아이들의 왁자지껄한 수다는 수업시작종까지 삼켜버렸다

긴 여름 무더위를 이긴 아파트 앞 꽃밭은
오랫동안 내 발걸음을 잡고 있었다

-「꽃밭초등학교」 전문

이 시는 바로 위에서 언급한 바와 같은 맥락의 자연을 소재로 한 시다. 그러나 이 시가 가지는 의미와 뉘앙스는 사뭇 다르다. 이 시는 관찰시이면서 상상시다. 개망초, 애기똥풀, 씀바귀, 지칭개, 돌나물의 특성을 잘 관찰하고 의인화해서 써낸 상상시로써 오랜 습작과정을 거치지 않고는 써내기 어려운 시라 더욱 돋보이는 시다. 권진숙 시인의 작품에서 현실과 상상, 미래와 과거 사이에 알력이나 아이러니 같은 것은 존재하지 않는다. 그의 시세계는 4차원의 발현이자 완성으로 시간과 공간, 사실과 허상의 간극은 없어 보인다. 그는 무엇이든 끌어들여도 타당성을 확보할 수 있는 능력을 갖추었고, 하찮은 것들의 존재 이유를 밝혀주고 있다. 의미를 제한하고 관찰을 극대화하여 독자들을 상상의 마당으로 안내하고

있다. 나는 자주 회상하는 자는 늙은이요. 상상하는 자 젊은이라고 말한다. 인간이 동물과 다른 점은 상상이다. 그러니 그의 일련의 작업들은 모두 우리가 가야 할 길이요 모티브다. 그래서 권진숙 시인의 시가 타인의 시보다 돋보이는 것이다. 사람들은 서정이 많이 든 시에 대해서 비하하거나 점수를 박하게 주는 경향이 있다. 그런데 시는 서정에서 비롯하여 서경으로 옮아가는 것이다. 너무 이성적인 사람은 시를 잘 쓸 수 없다. 적당히 분위기 있고, 공연히 눈물이 나며, 가끔은 풀꽃이 미친 듯이 좋아야 한다. 시는 가슴으로부터 머리로의 여행이라 말했다. 우선 가슴에다 따스함, 정다움, 자연스러움을 담아두었다가 우려지고 곰삭은 정서를 머리로 보내, 적합한 시어와 이미지를 엮어내는 것이다. 그러니까 권진숙 시인은 풀의 특성을 살리고, 그것을 초등학교로 이미지화해 한 편의 훌륭한 시로 승화하고 있다. 권진숙 시인이 자기 사는 고장 은평의 유적과 북한산의 자연에 대해 많은 시를 써내는 것은 지극히 자연스러운 일이며, 필자 역시 은평사람으로서 매우 감사한 일이다.

이상에서처럼 권진숙 시인의 시 몇 수를 읽어 보면서 그의 시세계를 여행해보았다. 권진숙 시인의 시세계는 앞서 말한 바와 같이 자연이 가진 불굴의 도전정신을 스캔한다. 권진숙의 시에는 여러 가지 정신이 있다. 첫 번째로 나눔의 정신이 그것이다. 자연은 우리에게 끊임없이 나물과 열매와 땔감을 나누어주듯 그의 시는 우리에게 희망과 꿈을 나누어준다. 두 번째로 권진숙의 시는 동화의 정신을 지녔다. 자연이 소나무밭에 맥문동을 키우고, 해바라기밭 가에 버드나무숲을 용인하듯 권진숙 시인은 내 옆에 어려운 환경에 놓인 사람이 있어도 그것을 인정하고 그 사람과 동화하며 살아간다. 세 번째로 도전의 정신이다. 자연이 홍수나 산사태, 산불이 나도 그대로 순응하며 받아들이듯 환경과 여성의 신분, 학업의 나이를 극복하고 끊임없이 도전해 마침내 간호학박사 학위를 취득하고 간호학과 교수가 된다. 말하자면 권진숙의 시는 끊임없는 등산과 트레킹을 통해 만난 자연에서 스캔하고 익힌 나눔의 정신, 동화의 정신, 도전의 정신을 통해 인생은 누구의 탓도, 누구 때문에 못 이룬 것이 아니라, 내 인생은 내가 개척하고 도전해야 하는 것이며 함께 살아가는 것이라고 말해준다.

이처럼 훌륭한 첫 시집 『Rock 가수 21호』가 2023년 제10회 스토리문학상 수상 직후에 펴낼 수 있게 돼 너무나 기쁘다. 진심으로 축하드린다.

권진숙 시집

Rock 가수 리호

초판발행일 2023년 08월 23일

지은이 : 권진숙
발행인 : 김순진
편집장 : 전하라
디자인 : 김초롱
펴낸곳 : 도서출판 문학공원
등　록 : 2004년 3월 9일 제6-706호
주　소 : 우편번호 03382 서울 은평구 통일로 633
녹번오피스텔 501호 스토리문학사
전　화 : 02-2234-1666
팩　스 : 02-2236-1666
홈페이지 : https://blog.naver.com/ksj5562
이메일 : 4615562@hanmail.net